BOLIVIANOS EN LA DIÁSPORA

BOLIVIANOS EN LA DIÁSPORA

Representaciones y prácticas comunicativas en el ciberespacio

Alicia Szmukler

teseo

FLACSO
ARGENTINA
Programa de Desarrollo Humano

ceres
centro de estudios
de la realidad económica
y social

Szmukler, Alicia Marina

Bolivianos en la diáspora: representaciones y prácticas comunicativas en el ciberespacio / Alicia Marina Szmukler. – 1a ed . – Ciudad Autónoma de Buenos Aires : Teseo, 2015. 228 p. ; 20 x 13 cm.

ISBN 978-987-723-060-4

1. Migración. 2. Identidad. 3. Nuevas Tecnologías. I. Título.

CDD 304.8

Imagen de tapa: *Colorful Layers Fractal*, CC dev Moore, https://www.flickr.com/photos/devinmoore/2698264113/in/photostream/

A mis abuelos polacos, Leiba y Sara.
A mis abuelos españoles, Emilia y Juan.
A mi hijo Manuel, boliviano-argentino.
Y a todos los migrantes que cada día trabajan por una
vida mejor sin perder su memoria.

Índice

Agradecimientos

Este libro es el resultado de varios años de trabajo que culminaron en mi tesis de Doctorado en Antropología en la Facultad de Filosofía y Letras de la Universidad de Buenos Aires. El recorrido no fue lineal ni directo, como muchas veces ocurre en la vida para alcanzar lo que buscamos, y el encuentro con quien fue mi Directora de Tesis, la Dra. Alicia Martín, que desde un primer momento entendió lo que quería hacer y me orientó y sugirió caminos, fue determinante. Sus sugerencias siempre inteligentes y oportunas me hicieron muchas veces regresar sobre mis preguntas y objetivos centrales cuando me tentaba indagar los múltiples senderos posibles que emergen cuando se realiza una investigación. A ella mi agradecimiento especial por la oportunidad de dialogar sobre los temas que trata este libro, por su tiempo, entusiasmo, confianza y compromiso durante los cuatro años de trabajo conjunto.

Los estudios cursados en la Maestría en Sociedad de la Información y el Conocimiento de la Universitat Oberta de Catalunya (UOC) fueron muy importantes para introducirme en el campo de los estudios sobre identidades culturales y tecnologías de la información y la comunicación y comenzar a organizar la investigación en la que se fundamenta este libro. Allí empecé a preguntarme sobre la relación entre tecnologías y culturas y por cómo abordarla con la mirada puesta en grupos sociales que, desde una posición de desventaja, les dan nuevos contenidos y usos, transformando a las tecnologías en territorios de disputa, representación, denuncia y testimonio.

Quiero agradecer particularmente a los responsables de los sitios web y los *blogs* analizados, que aceptaron la invitación a contar sus experiencias y cuyas historias me permitieron profundizar y enriquecer la comprensión del tema que aquí abordo. Asimismo, agradezco a Pablo Vinocur, Director de la Maestría en Desarrollo Humano de FLACSO Argentina, y a

Roberto Laserna, Director del Centro de Estudios de la Realidad Económica y Social (CERES) de Cochabamba, Bolivia, por el aval institucional para publicar este libro.

Sin el apoyo y la paciencia de Fernando Calderón, quien me alentó a continuar en momentos de indecisión y desánimo, este libro probablemente no existiría. Las conversaciones sobre los avances de la investigación, sus reflexiones y críticas fueron permanentes aportes en un diálogo que me hacía volver la mirada sobre mi propio trabajo desde una perspectiva diferente.

A todos ellos, ¡muchas gracias!

Alicia M. Szmukler

Buenos Aires, octubre de 2015

Prólogo

Este libro cruza dos grandes temas de interés en las sociedades y en las ciencias sociales contemporáneas: migraciones con nuevas tecnologías de la información y la comunicación (NTIC). Se concentra en el análisis de la inmigración de Bolivia a la Argentina, en especial a la ciudad de Buenos Aires y su conurbano. Los tres temas han merecido muchos escritos e investigaciones: sobre el tema de las migraciones, por su incesante crecimiento durante el siglo XX y su impacto en las relaciones transnacionales; sobre el más nuevo tema de las tecnologías de la información y comunicación, por su reciente expansión y honda repercusión en todos los planos del conocimiento y de las relaciones sociales; y sobre los bolivianos en la Argentina, por la antigüedad, extensión y magnitud de su inmigración.

La investigación de Alicia Szmukler trabaja en relación con esos tres grandes tópicos, pero además los actualiza, poniendo en el centro de la escena a la figura de los migrantes. ¿Qué vínculos, imágenes y relatos recrean los bolivianos que viven fuera de su país?, ¿cómo incide la experiencia migratoria en la comprensión y reelaboración de sus identidades y sentidos de pertenencia?, ¿cómo emplean los diversos recursos comunicacionales disponibles para ubicarse y significar su nuevo contexto?, son algunos de los interrogantes que abre este trabajo.

El libro comienza con una amplia revisión de los estudios sobre migraciones de la población de Bolivia al exterior, así como una presentación de los enfoques y conceptos que orientan el estudio. La migración boliviana en Argentina ha sido investigada sobre todo desde un punto de vista laboral-económico en sus diversas radicaciones. En las últimas décadas ganaron también importancia las cuestiones relativas a los derechos políticos, formas de asociacionismo y manifestaciones culturales. La autora reseña tales antecedentes así como investigaciones realizadas en Brasil, Estados Unidos y España, los otros países a los que más se dirigen los bolivianos. En todas ellas se subraya la continuidad de los vínculos que mantienen los migrantes con los lugares de origen, así como el sostenimiento de prácticas que localizan pertenencias con el territorio dejado. Estos estudios se van apartando de las posiciones asimilacionistas anteriores sobre las migraciones, pero también dan fundamento a la elección que hace la autora por el empleo del concepto de diáspora en esta investigación. La noción de diáspora fue aplicada a partir de la década de los ochenta al estudio de la afrodescendencia en las Américas, extendiendo además su alcance a un campo de estudios transnacionales y seculares más general que el dado originalmente a su aplicación a la diáspora religiosa judía.

> *"¿Por qué usar la noción de diáspora y no simplemente la de migración?* –se pregunta nuestra autora–. *El concepto de diáspora* –continúa–: *i) trasciende la visión de la migración únicamente en términos de movilidad o desplazamiento de la población vinculada fundamentalmente a las oportunidades del mercado laboral; ii) coloca como tema central la importancia de las redes transnacionales tanto para el intercambio material como cultural y simbólico de la población migrante e incluye a las NTIC no sólo en tanto medios que viabilizan el intercambio, sino como espacios de comunicación en sí mismos en los que se negocia y se pone en juego las identidades; iii) enfatiza el vínculo con la comunidad de origen y los imaginarios culturales que fortalecen dicho vínculo."*

Su exhaustiva exploración acerca de los alcances de la noción de diáspora en sus referentes y usos teóricos contemporáneos la extiende también al concepto de identidad social. Revisa aquí una cantidad de estudios que vinculan la noción de identidad con la categoría de alteridad, ya que la identidad se construye en relación con distintos "otros". Identidad y diferencia serían entonces formas de enunciar sujetos colectivos en posiciones que los otros nos asignan y también asumimos, en relaciones desiguales que involucran el poder de nominación y las dinámicas de la historia. Este modo relacional se separa de la visión esencialista, primordial y ahistórica de las representaciones identitarias, ya que las identidades sociales se construyen en diferencia con los otros, así como en los significados que adquieren los modos de vivir esa relación. Esto vuelve relacional y dinámica la noción de identidades sociales. Es decir, no se trata de identidades replicadas en tradiciones ancestrales, sino que se asientan en la experiencia, en la memoria, en las prácticas concretas; todo ello en marcos de relaciones sociales de poder y jerarquías específicas desde los cuales la gente lucha por su reconocimiento. ¿Cómo incide esa diferencia de ser extranjero, y en particular procedente de Bolivia, en el posicionamiento de los migrantes para significar sus subjetividades?, se pregunta nuestra autora.

Estos recorridos conceptuales le permiten conectar experiencias de identidad-alteridad, desterritorialización y territorializaciones con los procesos de globalización actuales. Encuentra también una continuidad significativa en los espacios comunicativos que habilitan las nuevas tecnologías, con el amplio uso de la prensa escrita y radial que caracterizan a la migración boliviana en Argentina. Su hipótesis plantea la posibilidad de generar esferas públicas que dan voz a quienes no pueden ejercer plenos derechos ciudadanos, o se ven forzados a condiciones de subordinación desde su posición diaspórica.

En este punto, la aproximación sociológica al tema de las migraciones contemporáneas avanza combinando una aproximación etnográfica al campo de los migrantes en su operatoria cultural y comunicacional. El método etnográfico nos coloca en un campo de observación vivencial, donde se comparten experiencias y narraciones que suelen familiarizar las relaciones interpersonales. Alicia Szmukler explora aquí las concretas prácticas sociales y comunicativas, analizando distintos sitios en Internet, comparando y enriqueciendo estos resultados con entrevistas a sus protagonistas y con observaciones en otros ámbitos de sociabilidad comunitaria, especialmente festiva. Nuevos recursos y medios a través de *blogs* individuales y colectivos, portales comunitarios, telefonía móvil, programas radiales escuchados a través de sitios web, videos difundidos en *YouTube*, redes sociales como *Facebook*, entre otros, permiten a los migrantes conectar espacios distantes así como reterritorializar identidades fuera del ámbito local. Y habilitan a nuestra autora para explorar y combinar diversos recursos metodológicos en su análisis de las TIC en contextos migratorios.

Aparecen así las formas de representación de muy diversos actores sociales: migrantes recientes y antiguos; primeras, segundas y terceras generaciones de bolivianos; jóvenes y mayores; mujeres y hombres; profesionales y obreros; que iluminan en su participación pública por el ciberespacio y en los relatos que seleccionan para compartir, las experiencias de un colectivo en la diáspora. Microrrelatos, historias de marginación y estigma, violencia y explotación nos ponen frente a la posición de liminalidad de los migrantes, y su contracara, los límites y la ambivalencia de una sociedad discriminadora y excluyente. El análisis da cuerpo, rostro y presencia a un colectivo social que se reconfigura y recurre a diversas simbologías –nacionales, regionales, étnicas, de género, generacionales, ocupacionales– para ubicarse en difíciles situaciones de precariedad. La investigación da cuenta de los modos en que los migrantes bolivianos construyen con estos nuevos sistemas de comunicación una posición políticamente efectiva y afectivamente unificadora, para maniobrar su propia representación desde lugares en las periferias.

Este trabajo de comprensión que se construye a lo largo de una investigación encuentra en nuestra autora una enorme sensibilidad y empatía-simpatía por el mundo que analiza. La etnografía exige que el sujeto se escinda a sí mismo en objeto y sujeto en el proceso de identificar su campo de conocimiento, señala Homi Bhabha. En este sentido, Alicia Szmukler se presenta como argentina y porteña, *"... y me considero boliviana por adopción y decisión personal."* Ha vivido en Bolivia, donde formó familia y desarrolló su profesión.

"Yo también he sido migrante, lo que me acerca a mi universo de estudio, aunque he tenido la suerte y el privilegio de sentirme en Bolivia como en mi casa. Este es, sin lugar a dudas, uno de los motivos personales que me llevó a indagar las identidades fuera de los territorios de origen, y las de los bolivianos en particular."

La voz de la investigadora se suma así a las distintas voces convocadas, componiendo un "paisaje diaspórico" donde emergen sueños y realidad, logros y decepciones, amasados en proyectos de afirmación, comunalidad y lucha. Asimismo, el afuera de esa diferencia que coloca al migrante en una zona liminar de alteridad e indefinición aparece en este estudio como serio compromiso por pintar las difíciles condiciones que enfrentan los bolivianos por la afirmación de sus derechos y la construcción de "su lugar en el mundo".

De modo que esta obra sintetiza muchos años de investigación sobre el pueblo de Bolivia y su dispersión; actualiza el debate sobre la diversidad cultural en la sociedad mundializada de la información; así como explora nuevas tecnologías en la construcción de redes sociales de las comunidades en la diáspora. Estos temas son estudiados con tal profundidad y precisión que nos atrapan en una productiva reflexión. No se presentan como resultados concluyentes, sino que abren caminos solidarios con los grandes desafíos de esta época.

Para finalizar, agradezco la posibilidad de haber seguido en gran proximidad a nuestra autora, Alicia Szmukler, en el proceso de esta investigación y su escritura, durante el cual disfruté y aprendí con su enorme capacidad de trabajo y firmes convicciones, honestidad intelectual y generosidad.

Alicia Martín
Profesora Titular Regular del Departamento
de Ciencias Antropológicas,
Facultad de Filosofía y Letras,
Universidad de Buenos Aires

Introducción

¿Qué sentidos dan los migrantes a sus identidades colectivas cuando se establecen en las nuevas ciudades? ¿Cuál es el papel que hoy juegan las tecnologías de información y comunicación (TIC) en los procesos de reterritorialización de tales identidades? ¿Cómo se relacionan identidades, TIC y diáspora? Con la intención de responder estas preguntas, elaboré mi proyecto de Tesis de Doctorado en Antropología y estudié entre 2009 y 2012 las representaciones, experiencias y significados que los migrantes bolivianos en Argentina, particularmente en Buenos Aires, asocian con sus identidades como bolivianos en la diáspora a través del análisis de plataformas en Internet producidas por ellos.

Me interesaba enfatizar la dimensión cultural y subjetiva de los procesos migratorios para dar cuenta de la capacidad de los migrantes de recrear, re-imaginar o reterritorializar sus identidades utilizando los recursos que brindan las TIC. El tema de investigación –a grandes rasgos "migraciones y TIC"– era relativamente nuevo en América Latina en ese momento, así como el enfoque propuesto para estudiar la migración boliviana desde el concepto de diáspora y a partir de los usos que hacían los migrantes de las TIC para re-elaborar sus identidades.[1] Mi propósito era responder a la pregunta sobre cómo las prácticas comunicativas, las imágenes y los relatos viabilizados por, y creados en, Internet dan sentidos a las identidades como bolivianos en la diáspora.

---

[1] Existe abundante literatura sobre la migración boliviana en Argentina desde la década de los noventa. Se trata de investigaciones centradas en las trayectorias históricas y demográficas de estos migrantes, su inserción laboral, la ampliación de sus derechos ciudadanos, sus prácticas y manifestaciones culturales, entre otros temas, como puede verse en la bibliografía citada al final del libro.

La perspectiva propuesta argumenta que las identidades colectivas se recrean y resignifican en la diáspora. Las TIC –especialmente Internet, la telefonía móvil y, en general, los medios masivos de comunicación– inciden en estos procesos, pues ofrecen nuevos recursos para la representación y producción de identidades. Redes sociales como *Facebook*, *blogs* individuales y colectivos, portales comunitarios, la posibilidad de escuchar programas radiales del país de origen *on line*, videos difundidos en *YouTube*, entre otros, son recursos y a la vez espacios que permiten reterritorializar identidades fuera del ámbito local.

La distancia de los afectos, la familia y la vida cotidiana en los lugares de origen, por un lado, y los nuevos contextos socioculturales y económicos así como los nuevos vínculos que se generan en las sociedades de destino, por otro, afectan las representaciones que los migrantes tienen sobre sí mismos y sus imaginarios en torno a la identidad como bolivianos en las sociedades de llegada. Entre las variables que intervienen en los procesos de reelaboración de sus identidades como bolivianos en la diáspora podemos mencionar la búsqueda de reconocimiento cultural y de sostenimiento de los lazos con su colectividad de origen, los recursos y capacidades para aprender nuevos códigos socioculturales, los modos de enfrentar la estigmatización por ser "diferentes", la defensa de sus derechos ciudadanos como migrantes y las dificultades para ejercerlos, la producción de representaciones socio-culturales que alimentan un sentimiento de pertenencia frente al desarraigo, las expectativas con respecto a la sociedad de destino y los deseos de una vida mejor, las reacciones hacia los migrantes que se generan en esas sociedades.

Dado el caso de estudio, las preguntas que organizan este texto son: ¿qué representaciones, imágenes y relatos recrean los migrantes bolivianos en Internet y cómo este medio facilita una reapropiación o reconfiguración de sus identidades como migrantes? ¿Cómo influye la sociedad de destino en las lecturas que los migrantes hacen sobre sus identidades? ¿Podemos hablar de diáspora en el caso estudiado?

La investigación que da origen a este libro partió de una preocupación teórico-metodológica vinculada con: i) las discusiones en torno a los procesos de construcción de identidades des-localizadas, y sobre cómo ellos pueden ser mediados hoy por las TIC a partir de prácticas sociales y comunicativas de los usuarios mediante las cuales ponen en juego distintos discursos, imágenes y relatos sobre sus identidades, es decir, distintas posiciones de identidad; ii) el debate sobre la diversidad cultural en contextos globalizados; iii) la exploración de instrumentos metodológicos que contribuyeran a estudiar identidades colectivas en la sociedad de la información. Espero que este libro sea un aporte a una mirada compleja de estos temas.

Unas palabras sobre el método

Los estudios sobre identidades y TIC son relativamente nuevos en América Latina, por lo tanto la metodología a utilizar era un desafío. El núcleo del análisis fueron las representaciones de identidades en Internet a través del análisis de contenidos textuales y audiovisuales en espacios seleccionados en la web. Este acercamiento se complementó con entrevistas, una breve encuesta, revisión bibliográfica exhaustiva y la observación de dos momentos clave para la expresión de la identidad como bolivianos en la diáspora: las fiestas patronales de la colectividad en Buenos Aires y el proceso de inscripción electoral para que los bolivianos en el exterior pudieran votar en las elecciones nacionales de su país a Presidente y Vicepresidente, lo que ocurrió en 2009 por primera vez.

Para estudiar los espacios de comunicación generados por y en las TIC, ensayé metodologías y técnicas de investigación cualitativas que combinaron el análisis del discurso con el iconológico para estudiar las imágenes. Por otro lado, pretendía profundizar la perspectiva teórica sobre los procesos de producción de sentidos en torno a las identidades de poblaciones en la diáspora, haciendo hincapié en la influencia que las TIC tienen hoy en estos procesos y probando la pertinencia del uso del concepto de diáspora en el caso estudiado.

A partir de la idea de que las identidades nacionales adquieren nuevas significaciones en la diáspora, la hipótesis central que organizó mi trabajo argumentaba que en los espacios de Internet creados por migrantes bolivianos se expresa la heterogeneidad sociocultural de la sociedad boliviana, pero se da prioridad a la manifestación de la identidad *como bolivianos* más que a la de sus particularidades. Ello es así porque la identificación *como bolivianos* permite a los migrantes construir un ámbito de pertenencia, comunidad y reconocimiento.

Por otro lado, planteaba que frente a los estereotipos que frecuentemente se construyen sobre los migrantes en las sociedades receptoras, los bolivianos recurren a sus manifestaciones culturales, sobre todo a la realización de fiestas patronales, para dar un sentido positivo a su identificación como bolivianos. De este modo, recuperan una pertenencia nacional al tiempo que se muestran en la sociedad de destino como colectividad con creciente auto-estima, con una historia y con valores. Entendidas así, la participación y organización de las fiestas patronales no sólo son una recuperación y manifestación de sus prácticas culturales y religiosas habituales en el país de origen, sino que en buena medida también serían una respuesta frente a una mirada basada en estereotipos, respuesta que al mismo tiempo les permite fortalecer la valoración de su propia cultura y generar un ámbito de pertenencia en dichas sociedades.

Las TIC como campo de estudio de las identidades

Abordé las TIC, particularmente Internet, como generadoras de espacios de producción de sentidos. El análisis de las representaciones e interacciones sociales que allí se producen permite indagar imaginarios en torno de identidades específicas.

Páginas web, *blogs*, videos en *YouTube*, redes sociales como *Facebook* u otras, son entendidos aquí como producciones de grupos y personas concretas. Además, desde una visión más instrumental, las TIC favorecen la obtención y difusión de la información y la comunicación.

En esta línea existe abundante bibliografía que analiza la construcción de la identidad individual y las TIC, destacando la flexibilidad y multiplicidad de las identidades que estas tecnologías viabilizan[2] y cómo rasgos de las relaciones sociales que se producen en la realidad *off line*[3] (jerarquías, controles y normas de comportamiento, por ejemplo) se reproducen con ciertas especificidades en los espacios *on line*, aunque la edad, el género, la pertenencia étnico-cultural, los gestos o el estatus socioeconómico, no tengan la misma incidencia que en las interacciones cara a cara.[4] Es decir que, con sus especificidades por el tipo de comunicación que se produce, existe un contexto social que funciona para crear reglas de comportamiento y construir sentidos dentro del espacio específico de Internet.

En este sentido, por ejemplo, diversas investigaciones sobre identidades colectivas *on line* centradas en la etnicidad, el racismo y la creación de estereotipos en la red, concluyen que hay una tendencia a que en Internet se favorezca la discriminación y la ignorancia con respecto a culturas diferentes a las predominantes en el medio.[5] Investigaciones sobre

---

[2] Turkle (1998) analizó de manera pionera el descentramiento de la identidad y la posibilidad de expresión de la multiplicidad que viabilizan las TIC, en contra de una visión esencialista de una identidad estable, gracias al uso de varias ventanas de manera simultánea así como la sociabilidad en Internet.

[3] Utilizo los términos *on* y *off line* para referirme a los espacios concretos en los que realicé el análisis. Mi perspectiva enfatiza los vínculos entre lo que sucede en ambos espacios, pues considero que aportan información complementaria para un análisis más preciso del campo de estudio. Evito así calificar de "virtuales" o "reales" a las relaciones sociales, comunicaciones y representaciones que se producen en esos espacios. La elección de estos términos se inscribe en una discusión conceptual que rechaza denominar lo que sucede en Internet como "realidad virtual", pues considera que lo producido en la red también debe considerarse "real" y el término "virtual" puede llevar a confusión.

[4] Ver Baym (2003), Danet (2003), Donath (2003), Reid (2003), entre otros.

[5] Kolko y Reid (2003), Mele (2003), Poster (2003).

comportamientos sociales vinculados con culturas particulares en los "mundos" *on* y *off line*, destacan que las relaciones de poder y las desigualdades se reproducen en los imaginarios *on line* y dejan abierto un debate sobre la calidad de Internet como espacio público.[6] La dimensión política del medio y de los intercambios lingüísticos entre individuos y grupos en la red y las relaciones de poder que generan también intervienen en la construcción de los espacios *on line*, entendidos como espacio público más democrático.[7] Sin embargo, su carácter democrático no está garantizado, ya que el tipo de sociabilidad que se produzca en Internet dependerá de las posiciones de los usuarios y de los usos de las TIC. Son los usuarios a través de sus prácticas sociales quienes imprimen contenidos a las tecnologías y no al revés. El medio, por más "revolucionario" o democrático que pueda considerarse, no asegura un uso específico. La relación entre usuarios y tecnologías es clave en nuestra perspectiva y articula fuertemente los mundos *on* y *off line*.

Finalmente, no hay que olvidar que los espacios de interacción social viabilizados por las TIC son diferenciados no sólo por el carácter aún restrictivo para muchos del acceso a Internet, sino por los tipos de "encuentros" sociales que allí se producen –una comunidad virtual no es igual a la página web de una asociación, como tampoco al correo electrónico, a un *blog*, a un *chat* o a la participación en una red social–. Así, se abre el interrogante sobre si estos "encuentros" permitirán renovar las

---

6 Burkhalter (2003), Matei y Ball-Rokeach (2002), Beckles (1997), Lee y Wong (2003).

7 Se trataría de un espacio público en el que sería posible una *construcción más democrática del sujeto* "[...] porque los actos de discurso no están limitados a una sola dirección y no están constreñidos por trazos de género o étnicos inscritos en las comunicaciones cara a cara. Lo 'mágico' de Internet es que es una tecnología que coloca los actos culturales, las simbolizaciones de todas las formas, en manos de todos los participantes; descentraliza radicalmente las posiciones del discurso." (Poster, 1995: 5). En el caso específico de los migrantes, Mishra (2005) ve en Internet un espacio público discursivo en el que éstos, frecuentemente excluidos en las sociedades de destino, pueden incluso participar en los temas públicos de sus sociedades de origen.

comunidades o si generarán nuevos mecanismos de control, ya que también en estos espacios se producen desencuentros que podrían más bien limitar un diálogo intercultural y la misma representación de identidades colectivas en la red.[8] Ambos fenómenos parecen producirse tanto dentro como fuera de la red, ratificando que los espacios *on line* no garantizan *per se* una democratización de las comunicaciones, pero amplían las posibilidades de muchos de comunicarse y expresarse.

Los trabajos de Nakamura sobre identidades colectivas en la red inspiraron en buena medida mi estudio. La autora trata de explicar cómo se "escribe" y qué lecturas se hace sobre la *raza* –asiática en el caso que estudia– en el ciberespacio; es decir, se preocupa por las consecuencias ideológicas que tiene lo que denomina una *gramática* en Internet en la interpretación de imágenes de *otros* diferentes. En otras palabras, cómo a partir de distintos usos del lenguaje se crean estereotipos también en la red.[9] Mi acercamiento comparte la preocupación por analizar los mecanismos discursivos que intervienen en la construcción de identidades en la red.

Variados estudios que vinculan poblaciones en diáspora y TIC tienden a "olvidar" el entrecruzamiento de distintas identidades y, así, a homogenizar una población de migrantes que comparte la nacionalidad pero que es diversa. Sus identidades terminan siendo *esencializadas* cuando sólo se reivindica el sentido nacional y no se considera el contexto transnacional actual en el que se producen las interacciones culturales y en el cual las identidades adquieren sentido.[10] Por otra parte, corren el peligro de ignorar los distintos usos que hacen los migrantes de las TIC y los diversos significados que dichos usos tienen. Por lo tanto es fundamental considerar la diversidad cultural, regional, social, ocupacional, de los migrantes y sus diferencias generacionales en relación con los usos de las TIC.

---

8   Kollock y Smith (2003).
9   La autora denomina *cibertipos* a estos estereotipos construidos en la red (Nakamura, 2002: xiii. Trad. propia).
10   Mattelart (2009).

Algunas investigaciones más recientes abordan la cuestión de las representaciones de identidades de migrantes en espacios de Internet, así como el rol de estos espacios para generar solidaridad entre poblaciones dispersas y excluidas.[11] Internet es visto como "territorio virtual" donde se producen representaciones de identidades colectivas y discursos de poblaciones de migrantes que deben comprenderse en relación con los contextos socio-históricos que ellos habitan. Esto último es importante porque permite pensar las posibilidades que tienen tales grupos en las diferentes sociedades de destino de expresar diversas narraciones, preocupaciones y modos de reelaborar sus identidades colectivas.[12]

En América Latina hay algunos estudios sobre los usos que hacen de Internet poblaciones de migrantes de origen latinoamericano, principalmente para mantener el contacto con sus seres queridos, seguir informados y en comunicación con sus lugares de origen y/o generar espacios de encuentro y asociación; también hay trabajos sobre sitios web y redes sociales como espacios de representaciones de identidades colectivas de los migrantes.[13]

Varios especialistas en migraciones y diásporas ven en Internet tanto una esfera pública en la que los migrantes excluidos o limitados de ejercer derechos de ciudadanía en la sociedad de destino pueden participar, como un espacio

---

[11] Entre otros, Diminescu y Renault (2009), sobre los movimientos de los migrantes "sin papeles" en Francia; Simonin, Watin y Wolf (2009), sobre la construcción de los reunioneses como diáspora; Nedelcu (2009), sobre los migrantes rumanos altamente calificados; Le Bayon (2009), sobre los bretones en Nueva York; Lecomte (2009), sobre la vinculación política de los tunecinos en la diáspora; Candan y Hunger (2008), sobre los migrantes kurdos en Alemania; Kissau y Hunger (2008), sobre los migrantes turcos, ex soviéticos y kurdos en Alemania; Scopsi (2009), para una perspectiva metodológica que vincula diásporas y TIC.

[12] Ver, por ejemplo, Moua (2009).

[13] Ver Brignol (2010) sobre migrantes latinoamericanos en general, Ramírez (2006) para el caso ecuatoriano, González y Castro (2007) sobre los mexicanos en Estados Unidos, Gordano (2009) para el caso de mujeres latinoamericanas en España, Benítez (2008) para la diáspora salvadoreña, Moraes (2005) sobre migrantes uruguayos en España y Cortázar (2004) sobre comunidades virtuales de mexicanos, entre otros.

donde pueden surgir nuevas formas comunicativas entre ellos y modos de representación de sus identidades.[14] Esos espacios también pueden transformarse en "trincheras" que no permiten el intercambio con otros y entonces pueden favorecer la fragmentación cultural.[15] Pero Internet, hasta ahora, es un espacio en el que parece primar la diversidad sobre el comunitarismo cerrado por su

> "[...] carácter público, su geografía sin fronteras, su accesibilidad a todos aquellos que disponen de una conexión y, no menos importante, su carácter interactivo, que ofrece la posibilidad de participar, desestabilizando las lógicas identitarias y el movimiento hacia una cerrazón [comunitarista]".[16]

Como precaución teórica en los estudios sobre diásporas y TIC, Mattelart advierte el peligro de dar una condición ontológica al migrante: es necesario romper con un discurso esencialista comunitarista de las identidades en la diáspora y optar por análisis críticos que problematicen

> "[...] la complejidad de las interacciones socioculturales que activan en el seno de poblaciones en movimiento, las nuevas tecnologías de información y comunicación. [Pues se trata] también de relaciones de poder que estructuran el campo migratorio".[17]

¿Es posible encontrar en Internet una "esfera pública" para el caso de los bolivianos emigrados? Y, si es así, ¿es suficiente estudiar esa esfera pública para analizar las representaciones de los migrantes en diáspora? Mi pregunta es retórica, porque propongo un enfoque que, aunque tome como objeto de estudio sitios web, *blogs* u otro espacio público viabilizado por Internet, comprende la necesidad de tener una referencia de la participación, acciones o representaciones de los

---

14 Georgiou (2002), Mishra (2005).
15 Sreberny (2005), citado en Mattelart (2009: 33).
16 Siapera (2006), citada en Mattelart (2009: 35).
17 Mattelart (2009: 50).

migrantes a nivel *off line*. Es decir, considero que los mundos *on* y *off line* se vinculan y refuerzan, y son parte de una misma experiencia; por ello intenté complementar el análisis del primero con el del segundo.[18] Sobre todo en el caso de los migrantes, el vínculo entre redes *on* y *off line* es clave en función del logro y la construcción de proyectos culturales, sociales, políticos y económicos en la diáspora.

Algunas consideraciones sobre las TIC en relación con este trabajo

En la investigación que da origen a este texto, los sitios web, *blogs* y demás recursos estudiados fueron considerados en sí mismos representaciones de las identificaciones como bolivianos migrantes, considerando a la colectividad boliviana y su descendencia en Argentina como una población minoritaria que comparte elementos de una colectividad diaspórica.

Los espacios y recursos analizados fueron considerados también como fuentes documentales en forma de textos y recursos visuales publicados y como producciones socioculturales y políticas, tanto desde el punto de vista de su producción –atendiendo a los autores y a quienes dicen representar: quiénes, cómo y por qué los producen–, como del consumo –preguntándonos por los usuarios, el público y las interacciones probables, sin olvidar que los usos de las TIC son diferenciados

---

[18] "Más que observar la vida *off line* y la vida en el ciberespacio como si fueran dos esferas completamente separadas, los estudios sobre cibercultura deben examinar las 'raíces' de una en la otra –los modos en que las historias e identidades raciales, de género y culturales condicionadas por ellas dan forma a discursos que son audibles en, y en torno a, el ciberespacio. Sólo entonces puede el campo [de estudio] comenzar a reclamar al ciberespacio como un objeto de conocimiento de un modo en que 'conserve lo real', resistiendo a la cooptación de fuerzas corporativas y culturales que podrían restringir su considerable potencial subversivo con respecto a nociones opresivas [por ejemplo] de identidad racial". (Nakamura, 2002: 145. Trad. propia).

entre distintos grupos socioculturales según sus pertenencias de clase, género, educación, generacional, aunque compartan una identidad como bolivianos migrantes–.

Internet, por otra parte –y más allá de sus límites en términos de acceso, conocimientos necesarios para producir espacios, etc.–, es un "lugar" donde distintos grupos, comunidades, asociaciones e individuos –cuyas posibilidades de participar en otros medios de comunicación son menores o inexistentes– encuentran la oportunidad de expresarse, interactuar, conocer e informarse de un modo "alternativo" a otras fuentes de información. Internet viabiliza la auto-representación de comunidades de migrantes que en otros medios son representadas a partir de la mirada hegemónica de la sociedad de destino. Me refiero, por ejemplo, a los programas de televisión que comúnmente tienen un sesgo discriminador hacia la colectividad boliviana en Argentina.[19] En contrapartida, Internet da la posibilidad de que la colectividad se auto-represente y se transforme así en un espacio de resistencia y negociación incluso al interior de la misma colectividad, donde se juegan diversos intereses y relaciones de poder.

Como espacio multimedia e hipertexto Internet brinda la posibilidad de realizar análisis en distintos niveles: textos, relatos, fotografías, videos, música, foros interactivos, comentarios a artículos, estructuras de los portales y *blogs*, publicidad, enlaces. El usuario puede moverse entre los distintos espacios, lo que permite una experiencia de descentramiento. Este rasgo particular de Internet permite transitar entre variados contenidos y no quedarse "atrapado" con la mirada homogeneizadora sobre las poblaciones migrantes que suelen proyectar los medios masivos de comunicación. Además, el usuario de Internet es activo, y el medio viabiliza su participación –en interacción con otros– en la propia construcción del ciberespacio. Por lo tanto, es posible –tanto por las características del medio como de los usuarios– una participación más amplia y una construcción comunitaria del ciberespacio. Así, pierde peso la

---

[19] Vásquez (2009).

centralidad atribuida al autor y a un punto de vista específico.[20] Ésta es una visión entusiasta de las posibilidades que ofrecen los espacios de Internet, quizás valorizándolos en más de lo que realmente pueden, de momento, viabilizar. Asimismo, hay que tener en cuenta el carácter efímero de los recursos en Internet y que un material analizado hoy puede haber desaparecido mañana, lo que de hecho ha sucedido con algunos sitios analizados aquí.

Las representaciones de las identidades en Internet

Asumiendo que las representaciones no sólo tienen un rol reflexivo sino constitutivo (invitan a reflexionar sobre las identidades pero al mismo tiempo las "construyen"),[21] se analizaron relatos, imágenes y diseños en los sitios web y *blogs* escogidos, en tanto *representaran* miradas de los bolivianos *como* migrantes: sus problemas, prácticas cotidianas, imaginarios en torno a Bolivia y a la sociedad de destino, así como sus experiencias como bolivianos o descendientes de bolivianos. La diversidad de representaciones tiene relación con los distintos intereses, propósitos, valores, aspiraciones y expectativas de los autores de esos espacios y de quienes comparten información, videos o comentarios en ellos. Seleccioné espacios en Internet hechos por bolivianos radicados en Argentina porque esa posición de identidad ("bolivianos radicados en Argentina") fue considerada central en el análisis, pero también tuve en cuenta otras identificaciones: ser jóvenes, descendientes de migrantes bolivianos, profesionales, bailarines, estudiantes, miembros de asociaciones, etc.

---

[20] Mitra (1999).

[21] Las representaciones ocupan "un lugar formativo, no simplemente expresivo, en la constitución de la vida social y política, [...] sólo dentro de los límites y las modalidades discursivas, y sometidas a sus condiciones específicas, poseen un significado o se pueden constituir dentro de él". (Hall, 1996b: 443, citado en Leung, 2005: 41). Para Hall (1997), además, las identidades se hacen *en* las representaciones.

Las representaciones se interpretan en relación con un contexto de prácticas socioculturales, historias e imaginarios compartidos. Se encontraron distintas representaciones de identidades: unas de orientación más tradicional, otras de orientación más plural; unas más "folklóricas", otras más políticas. He tratado de hacer un contrapunto entre diversas interpretaciones en torno a las identidades como bolivianos en la diáspora, diversidad asociada a las distintas subjetividades que cruzan la categoría de pertenencia nacional como bolivianos, mencionadas en el párrafo anterior.[22]

El análisis de las representaciones en Internet abre el interrogante sobre la relación entre identidades y tecnologías, siendo una *mediación* entre ambas. Lo novedoso de Internet en este campo es que permite, mucho más que otros medios de comunicación, la auto-representación sin intermediaciones institucionales.

Los sitios web y *blogs* analizados asumen una representación que queda expuesta desde sus títulos (*Comunidad boliviana, Juventud boliviana, Fraternidad Tobas Bolivia*), orientados a que un público interesado pueda ubicar los sitios más fácilmente en la red. El análisis consideró a qué instituciones o agrupaciones de dicha colectividad responden, cuáles son sus particulares intereses, objetivos y posiciones en relación con las identificaciones como bolivianos en Argentina. Es decir, se trató de indagar sobre el grado de institucionalidad a los que refieren esos espacios de Internet y sus adscripciones sociopolíticas o socioculturales.

La importancia del contexto es fundamental para comprender la experiencia a nivel *on line* y analizar las representaciones y prácticas socioculturales en espacios de Internet. Como ya mencioné, en los espacios *on line* se reproducen relaciones de poder, jerarquías, negociaciones, discriminaciones,

---

[22] Ver Brah (2004) sobre el *entrecruzamiento* de subjetividades asociadas a distintas identidades.

pero también diálogos, encuentros, afirmaciones y, en general, experiencias sociales e interpersonales que comparten rasgos con aquéllas vividas en el mundo *off line.*

Se escogió para el análisis dos sitios web y un *blog.* Asimismo, se consultó sobre temas específicos el periódico boliviano en Argentina *Renacer Bolivia.* Desde un punto de vista diferente, pues el objetivo era obtener información puntual sobre la demanda de reconocimiento de ciudadanía política en la diáspora, se analizó un tercer sitio web sobre el derecho al voto en el exterior.[23] La elección de estos espacios se justifica en que tienen referentes institucionales e intereses y objetivos diversos y con estructuras, diseños y contenidos diferentes.

Las dimensiones clave de mi análisis fueron: i) la *identidad boliviana*, prestando especial atención a las experiencias por ser bolivianos y a las relaciones sociales con otros (argentinos, bolivianos en Bolivia, bolivianos en otros países, bolivianos en Argentina); a los procesos de subjetivación que dan significado a las experiencias y a las relaciones sociales (en los que se entrecruzan otras identidades); los símbolos y manifestaciones referidos a la "cultura boliviana"; y ii) la *conciencia de diáspora,* a partir de analizar significados que migrantes bolivianos dan a la "identidad boliviana"; imaginarios, recuerdos y opiniones en torno al lugar de origen; institucionalización de la diáspora; posicionamiento como diáspora (a partir de discursos y demandas de reconocimiento). Traté de averiguar si en los sitios web y *blogs* seleccionados se reivindicaba una identidad colectiva en términos de diáspora, lo que implicaría un posicionamiento político a partir del cual se crearían discursos sobre la identidad.

Para explorar *imaginarios en torno al lugar de origen,* analicé las representaciones de Bolivia a partir de la "lectura" y el análisis de referencias históricas, culturales, regionales, étnicas, físico-geográficas o políticas, contenidas en los recursos estudiados. Identifiqué imágenes y valoraciones sobre la

---

[23] Los enlaces con todos los espacios analizados se reproducen en el acápite "Estructura del libro", en esta introducción.

situación de los bolivianos en la diáspora, tomando en cuenta las referencias a la situación legal, laboral, asociativa, política, a experiencias de discriminación y de aceptación, expresadas en los recursos analizados, pero también en las proyecciones sobre sí mismos, en sus expectativas y aspiraciones, en sus propuestas y acciones para mejorar su situación. Para estudiar *la conciencia de diáspora* analicé los modos y los ámbitos en que se asume la pertenencia a una comunidad de migrantes. Ello difiere según los campos en los que se produzca la disputa por el reconocimiento (político, cultural, organizativo, comunicacional) y según se manifieste y valore dicha pertenencia. Observé, por ejemplo, expresiones ideológicas y políticas sobre la situación política en Bolivia y en Argentina que se manifestaban asumiéndose como "colectividad boliviana" así como expresiones en defensa de los derechos de los migrantes desde esa misma posición; pero también observé demandas de carácter cultural y comunitario hacia el interior de la propia colectividad migrante, así como la reivindicación de símbolos y prácticas étnico-culturales y regionales, entre otras.

Estructura del libro

El libro se divide en seis capítulos. En el primero se desarrolla el enfoque conceptual, enfatizando la relación entre identidades, diáspora y TIC. Explico aquí los conceptos fundamentales con los que trabajé: qué entiendo por identidades culturales y re-territorialización de éstas en los actuales procesos de globalización; qué noción de diáspora utilizo para abordar a la población particular estudiada; cómo intervienen las TIC en los procesos de construcción de identidades colectivas. Además presento una visión general sobre la migración boliviana especialmente en Argentina pero también en los otros países principales de destino de esta población (Brasil, Estados Unidos y España), basándome en la extensa bibliografía sobre el tema.

Los capítulos 2 a 5 se basan en el trabajo de campo de la investigación. En cada uno de ellos se analiza un portal o *blog* seleccionado, abordados desde una misma metodología de análisis, lo que permite plantear en el capítulo final algunas reflexiones metodológicas sobre la posibilidad de comparar espacios diferentes en la red, sus usos, las representaciones culturales que pueden interpretarse y los fines y orientaciones a partir de los cuales se construyen. Cabe recordar que en la selección de los espacios analizados fue fundamental que se aludiera a la idea de comunidad en la diáspora.

Puntualmente, en el Capítulo 2 se presenta el análisis de la página web *Comunidad boliviana* (http://goo.gl/6Pohh3). Es uno de los portales más antiguos de la colectividad, con un formato y estilo "tradicional", desde el cual se asume una cierta representatividad como bolivianos en Argentina.

En el Capítulo 3 analizo el *blog* de la *Agrupación Simbiosis Cultural* (http://goo.gl/xaeJ35), agrupación que nuclea a jóvenes bolivianos y descendientes de bolivianos. Tiene una orientación hacia los trabajadores en talleres textiles, a partir de la construcción de un espacio de auto-reconocimiento como bolivianos residentes en Buenos Aires abierto a debatir los temas que como jóvenes migrantes o identificados con la colectividad boliviana les preocupan y afectan. Es poco estructurado y tiene un estilo informal.

En el Capítulo 4 analizo el sitio web de la *Fraternidad Tobas Bolivia*, que ya no existe, pero puede ubicarse a la Fraternidad a través de *Facebook* (https://goo.gl/cZd2W2). Esta Fraternidad fue creada por jóvenes bolivianos y descendientes de bolivianos en Buenos Aires para bailar la danza de los toba, etnia que históricamente habitó la región del Gran Chaco en el sudeste de Bolivia. La valoración de las fiestas patronales como momentos centrales de reivindicación de la identidad como bolivianos fue un argumento de peso para la selección de este sitio web. La intención fue analizar representaciones *on line* de la fiesta y el sentido de comunidad que ella genera asociado a las expresiones culturales en la diáspora. El análisis se complementó con la observación de dos celebraciones de la colectividad en Buenos Aires, en el Barrio Charrúa y en Luján.

En el Capítulo 5 se analiza la representación *on line* de la lucha por el derecho a voto en el exterior, derecho finalmente obtenido para participar en las elecciones presidenciales de diciembre de 2009, y el voto simbólico que se realizó en Buenos Aires en agosto de 2008. Se trata de un asunto de gran importancia en términos de derechos ciudadanos, pues fue la primera vez que los emigrados bolivianos pudieron votar en el exterior. Diversas organizaciones han reivindicado el reconocimiento de este derecho, particularmente el Consejo Solidario Internacional de Residentes Bolivianos en el Exterior. En este capítulo analizo algunos textos y videos colocados en el sitio web así como algunos artículos que sobre este asunto se encontraron en la edición *on line* del periódico *Renacer Bolivia* –sitio web que ha dejado de existir pero está disponible en *Facebook* (https://goo.gl/gJPXvF)–. Además presento los datos de una encuesta que realicé durante el proceso de inscripción al padrón electoral de los bolivianos en la ciudad de Buenos Aires en el mes de octubre de 2009.

Los cuatro capítulos de análisis empírico se fundamentan en la hipótesis de que las identidades de comunidades en la diáspora pueden ser interpretadas a través del análisis de sus representaciones en espacios viabilizados por las TIC, hilo conductor de este trabajo. En este sentido, tanto el tema de la fiesta como el del proceso electoral se escogieron por considerarse momentos clave de reafirmación de la identidad durante los cuales la colectividad boliviana se manifiesta con una conciencia sobre sí misma como población en la diáspora. Particularmente me interesó analizar el rol y el uso de las TIC en esos momentos de representación y resignificación de identidades. Dada la velocidad de la generación de nuevos recursos y espacios de comunicación en Internet, algunos de los sitios analizados ya no existen o, cuando aún se mantienen, no se actualizan regularmente, pues las agrupaciones hoy privilegian el uso de las redes sociales.

Finalmente, el Capítulo 6 sintetiza algunas reflexiones en torno a los procesos de significación y reterritorialización de identidades en la diáspora y el papel de las TIC.

1

Punto de partida

Identidades, diásporas y tecnologías de información y comunicación (TIC)

¿Cuál fue el punto de partida conceptual para abordar las identidades culturales en la diáspora? En el enfoque teórico que guía mi análisis fueron claves las aproximaciones de S. Hall, A. Brah y A. Appadurai, quienes estudiaron las identidades en la diáspora como producciones dinámicas, flexibles y construidas de manera relacional, como experiencias subjetivas que se manifiestan en posiciones que producen diferencias. Se trata de autores que dan una pelea conceptual en contra de una mirada esencialista que ve a las identidades como estáticas, monolíticas y absolutas.

Hall, por ejemplo, entendía las identidades como *proceso*, como *producción* de la *diferencia*, y sostenía que ellas están hechas también de rupturas. En sus escritos propone dos ejes de análisis: las continuidades y similitudes, que tienen un fundamento en el pasado, y las diferencias y rupturas, que marcan la discontinuidad de la experiencia identitaria. Precisamente es esa discontinuidad la que caracteriza a las identidades en la diáspora, discontinuidad o ruptura que a la vez se vuelve un *espacio de identificación*. La identificación no se logra por compartir de manera abstracta un pasado o un lugar de origen, sino que emerge de los significados comunes que la ruptura

puede tener y de los diversos sentidos que ella puede expresar.[1]
Como las identidades se construyen *en* las representaciones
(que son elaboraciones subjetivas, no meros reflejos objeti-
vados), al analizarlas es posible interpretar sus sentidos. Las
representaciones (sean visuales, fílmicas, textuales, pictóricas,
performativas, musicales) son imposibles sin la diferencia y
están sujetas a permanentes interpretaciones; no están sobre-
determinadas, dirá Hall.

Como sujetos optamos por una posición desde la cual
hablamos, imaginamos y damos sentidos a nuestras identificaciones y que nos diferencia. Mi pregunta entonces fue: ¿desde
qué posiciones los migrantes bolivianos interpretan y dan significado a sus historias y símbolos, a sus fiestas y ceremonias,
a sus imaginarios en torno a Bolivia? ¿Desde qué posiciones se
vinculan con sus compatriotas y con las sociedades de destino?
¿Cómo los marca la ruptura de la emigración para interpretar
sus propias identificaciones? ¿Cómo inciden sus identidades
socioeconómicas, étnicas, de género, regionales, generacionales, en sus modos de verse como migrantes?

La experiencia de la diáspora no puede comprenderse si
se ve a las identidades como entes absolutos o en referencia
a un retorno a un lugar "sagrado" de origen, sino en relación
con el

---

1   Si bien las identidades culturales tienen una historia, no son estáticas; ellas cam-
    bian, pues "[...] están sujetas a continuos 'juegos' de la historia, la cultura y el
    poder. [...] Las identidades son los nombres que damos a las diferentes maneras
    en las que somos posicionados por, y nos posicionamos en, las narrativas del
    pasado. [...] En esta perspectiva, la identidad cultural [...] no es un origen fijo al
    cual podemos dar un retorno absoluto y final. [...] Tampoco es un mero fantas-
    ma. [...] Tiene sus historias; y las historias tienen sus efectos reales, materiales y
    simbólicos. El pasado continúa hablándonos. Pero no ya dirigiéndose a nosotros
    como un pasado simple, [...] pues nuestra relación con él [...] es siempre desde
    ahora 'posterior a la ruptura'. [El pasado] es siempre construido a través de la
    memoria, la fantasía, las narrativas y los mitos. Las identidades culturales son los
    [...] inestables puntos de identificación o sutura, hechos dentro de los discursos
    de la historia y la cultura. No una esencia, sino un *posicionamiento*. Entonces
    siempre hay políticas de identidad, una política de posición que no tiene ningún
    fundamento absoluto en una 'ley de origen' a-problemática o trascendental."
    (Hall, 1993: 225).

"[...] reconocimiento de una necesaria heterogeneidad y diversidad; [a partir de] una concepción de 'identidad' que vive en y a través, y no a pesar, de la diferencia. [...] Las identidades en diáspora son aquéllas que constantemente se producen y reproducen de nuevo a través de la transformación y la diferencia."[2]

Y lo hacen tomando elementos de la cultura dominante a los que dan nuevos significados apelando a sus sistemas simbólicos.

En esta línea, Brah plantea que la *identidad colectiva* se elabora en relación con un tipo de diferenciación particular (clase, etnia, religión, región); ello supone dejar de lado la heterogeneidad del grupo en función de un rasgo que homogeniza, aunque persistan las diferencias dadas por las relaciones de poder dentro del grupo. Planteada en términos de proceso, la identidad parecería ser algo que existe desde siempre. Ante esta paradoja, y en su búsqueda permanente de sostener una mirada anti-esencialista, para esta autora sería "[...] más apropiado hablar de discursos, matrices de significados y memorias históricas que, una vez en circulación, pueden consolidar la base de la identificación en un contexto económico, cultural y político dado".[3] Así, proclamar la existencia de una identidad colectiva es una acción política que crea discursos sobre la identidad a partir de interpretaciones de la historia colectiva. Esos discursos expresarían una suerte de "juegos de significación" –que refieren a la articulación entre experiencia, relaciones sociales, subjetividad y diferenciación– que posibilitan la reelaboración de las identidades en el plano simbólico imaginario y también tienen consecuencias prácticas.

Según esta perspectiva, la significación de la *experiencia*, a partir de la cual se construye la diferencia y la identidad, se da en el marco de ciertos márgenes culturales y supone colocarse desde un discurso que, expresado desde una subjetividad, manifiesta una posición de sujeto. El significado de

---

2   Hall (1993: 235).
3   Brah (2004: 132).

la experiencia varía en cada individuo; en un mismo contexto incluso pueden producirse distintas historias colectivas con especificidades compartidas. Para Brah, cuando se vinculan sujetos que comparten prácticas culturales, las significaciones diferentes dadas a la experiencia permitirían enriquecer los significados de aquello que los distingue de otros y los vincula. Ese enriquecimiento a partir de significaciones distintas de la experiencia podría producir una resignificación de la propia identidad a través de procesos de interacción y negociación de sentidos, espacios, posiciones de poder.

Comparto estas aproximaciones que se fundamentan en una visión anti-esencialista según la cual las identidades se construyen en referencia a –y en relaciones con– otros, y donde la clave está en las subjetividades y en las posiciones que construyen al sujeto.[4] Esto significa que la diferencia con el/lo otro y la lucha por el reconocimiento de esa diferencia –y de los significados específicos de los modos de vivir y pensar que ella implica– son los elementos centrales en la construcción y resignificación de identidades. Así, ellas pueden ser vistas como dinámicas pero a la vez compartiendo una suerte de *piso común* a partir del cual las personas se reconocen y se identifican con otras. Con esto quiero decir que si bien pueden cambiar y son flexibles, las identidades no "transcurren" en un "fluido infinito" en el que todo es posible: se asientan en experiencias, en imaginarios compartidos, en memorias colectivas y en prácticas concretas. Pero todos estos elementos con los que nos identificamos se dan en contextos particulares de relaciones socioeconómicas y culturales de poder y jerarquías específicas, de disputas y conflictos, que necesariamente

---

4   "Las identidades se inscriben a través de experiencias construidas culturalmente en las relaciones sociales. La subjetividad [...] es la modalidad en la que la precaria y contradictoria naturaleza del sujeto-en-proceso se significa o experimenta como identidad. Las identidades están marcadas por la multiplicidad de posiciones de sujeto que constituyen al sujeto. Así, la identidad nunca está fija, ni es singular; es más bien una multiplicidad de relaciones en constante transformación. Pero en el curso de este flujo las identidades asumen patrones específicos [...] al trasluz de conjuntos particulares de circunstancias personales, sociales e históricas." (Brah, 2004: 131).

deben ser reconocidos para comprender las identidades no como "tipos puros" o entidades trans-históricas, sino en relación con sus contextos socio-históricos, que señalan o definen sus contenidos particulares.

Desde este enfoque reflexiono sobre cómo se construye la diferencia que significa pertenecer a la colectividad boliviana en Argentina. ¿Cómo inciden en este proceso de identificación nacional las experiencias particulares, las relaciones sociales, las subjetividades y las identidades de este colectivo de migrantes? ¿De qué maneras los migrantes bolivianos construyen su identificación nacional fuera de sus territorios originarios? ¿Cómo las diferencias al interior de la colectividad boliviana (de género, étnicas, regionales, socioeconómicas, generacionales) son *revisadas* en el nuevo contexto?

El concepto de desterritorialización que aporta Appadurai resulta útil para comprender estos procesos.[5] El autor define a la desterritorialización como el proceso de movilización transnacional de la población trabajadora impulsado por oportunidades de trabajo a nivel global que, entre otras cosas, genera nuevos mercados de bienes y servicios culturales, de turismo, viajes e información, para que dicha población mantenga contacto con sus familias y amigos y continúe informada sobre lo que ocurre en sus territorios originarios. Los medios de comunicación de masas y las TIC viabilizan una suerte de *reinvención* de la nacionalidad –las "patrias inventadas", dirá Appadurai; las "comunidades imaginadas", dirá Anderson–, que se produce a través de procesos de reterritorialización de las culturas, por los cuales poblaciones de migrantes resignifican sus identidades fuera de sus territorios de origen.[6] Internet es un medio privilegiado para que se mantengan en contacto poblaciones

---

5   Appadurai (2001) estudió la reconfiguración de identidades de la población india en la diáspora enfatizando el rol de los medios masivos y las TIC.
6   Ver, por ejemplo, las investigaciones de Mitra (1999) y Cortázar (2004). Tölölyan, marcando la importancia de lo territorial, sostiene que: "Las diásporas son construidas, no creadas automáticamente como resultado de eventos, y son construidas *en localidades*, no sólo en la movilidad característica del espacio global." (Tölölyan, 2005: 141. El resaltado me pertenece).

dispersas que se sienten en mayor o menor medida identifica-
das con una colectividad y que, por esta vía, pueden "sostener"
un sentimiento de pertenencia en situaciones de desarraigo
de sus lugares originarios y de inserción en las sociedades de
destino.[7] Las culturas locales particulares, desde esta perspectiva, pueden resignificarse y reterritorializarse en la diáspora a
través de diversos usos de las TIC, y de este modo mantienen
su diferencia y resisten tanto la fuerza homogeneizadora de
la llamada "cultura global" como una suerte de "integración
pasiva" en las sociedades de destino.[8] Los imaginarios vinculados a los lugares de origen –sostenidos *en lo real* en el acceso
a mercados orientados específicamente a los migrantes, en la
comunicación y la circulación de la información y en la realización de eventos culturales, sociales, políticos– y los funciona-
mientos de las redes sociales con las que cuentan los migrantes
en los países de llegada, viabilizan la reterritorialización de sus
identidades particulares.

Entendida así, la reterritorialización vincula la idea de
diáspora con los imaginarios sociales recreados por la población migrante en los nuevos territorios, imaginarios impacta-
dos por la información y comunicación que se tiene de los
lugares de origen pero desde una perspectiva no atada únicamente al territorio. En esa reconstrucción imaginaria, la
memoria se ve atravesada por las nuevas experiencias y la
necesidad de inserción en el nuevo medio, pero también por
el compromiso con el país y los afectos dejados siempre para
volver, por la nostalgia y por los deseos de superación individual. Aquí, las TIC viabilizan tanto el contacto con los familiares y amigos (con el círculo más íntimo en los lugares de origen), como con otros en condiciones semejantes en los lugares
de destino, y generan nuevos espacios desterritorializados de

---

[7]   Para una crítica a la idea de "pertenencia", ver Fernández (2009), quien corre el
      manto de "inocencia" que recubre esta noción desde una mirada que naturaliza
      las identidades culturales. La *pertenencia* no sólo es un sentimiento idealizado y
      nostálgico para los migrantes; también involucra restricciones, exclusiones,
      obligaciones, deudas y lealtades, que suponen una cierta violencia.
[8]   Appadurai (2001).

encuentros e intercambio. Pero también en los nuevos sitios donde se instalan los migrantes se reterritorializan desigualdades, a su vez cruzadas por las TIC.

Con la reelaboración de sus identidades en la diáspora, a través de prácticas con las que representan o reinventan sus historias y culturas, los migrantes despliegan en distintos lugares del mundo lo que Appadurai denomina "paisajes étnicos", que hoy, dado el desarrollo y expansión de las TIC, se producen de manera interactiva y producen formas culturales fragmentadas, no estructuradas y yuxtapuestas.[9]

Por otra parte, los contenidos de los medios masivos de comunicación generan expectativas sobre países y ciudades donde vivir y trabajar y las TIC favorecen el intercambio y la comunicación entre personas que comparten identidades y están lejos de sus territorios de origen, y entre ellas y quienes se han quedado. Estos procesos de globalización en el plano de la comunicación dan un nuevo dinamismo a las migraciones. Además, los medios masivos colocan en el debate el tema de la migración y difunden los problemas que enfrentan los migrantes, aunque con frecuencia lo hacen de manera sesgada, y muchas veces intencionalmente distorsionada, fomentando una mirada discriminadora y negativa de este fenómeno.

Desde este punto de vista, si bien se entiende a las identidades como flexibles, no atadas a un ámbito territorial y capaces de "trasladarse" hacia otros espacios y cambiar en ese proceso, ellas resisten ser absorbidas por la vorágine de una industria y globalización cultural que tiende a homogeneizar, y más bien plantean límites frente a otras culturas. Pero en ese "traslado" por el mundo, los migrantes dan nuevos sentidos a sus identidades. En este enfoque, las identidades son cambiantes pero también fuente de estabilidad emocional e imaginaria y generan una suerte de lugares comunes que fortalecen lazos de pertenencia cuando se está lejos de los vínculos primarios y de los ambientes conocidos.

---

[9] *Ibíd.*, p. 59.

Las identidades colectivas, tal como las trabajo, sean nacionales, étnicas, religiosas, de género u otras, son entendidas como *conjuntos de significaciones que dan sentido al mundo y proporcionan sentimientos de pertenencia.*[10] Se elaboran y representan en discursos, imágenes, símbolos y prácticas sociales cotidianas (formas de vestirse, ceremonias, expresiones lingüísticas, gustos musicales y gastronómicos) que van configurando ámbitos culturales de pertenencia. Aunque a veces el sentimiento de pertenencia se exprese, sobre todo en el caso de la diáspora, como nostalgia de un "universo maravilloso" (y petrificado) dejado atrás, mi enfoque dista por completo de esta idea, pues entiendo que es posible reflexionar sobre las propias identidades, evaluarlas y establecer cierta distancia, incluso cuando la idea del retorno está presente como horizonte. Estos conjuntos de significaciones que dan sentido al mundo no se inscriben en un vacío temporal o social (hay un pasado socio-histórico y contextos espaciales, sociales, políticos, culturales, que delimitan sus contenidos y formas de expresión), sino que se reelaboran en contextos cambiantes que pueden propiciar resignificaciones identitarias en torno a los modos de verse individual y colectivamente así como nuevas comprensiones culturales, porque, además, siempre existe un nivel de autonomía del sujeto individual o colectivo para repensarse a sí mismo.[11]

---

[10] Ver Castoriadis (1993).

[11] La subjetividad humana permite a los individuos desarrollar una capacidad reflexiva que les da autonomía crítica en relación con sus propias historias y contextos, escapando así de una sobre determinación social y de su propia alienación. La identidad se construye en el diálogo y/o enfrentamiento con otros que tienen interpretaciones del mundo particulares y diversas. Así, al tiempo que se refuerza la propia identidad, se establecen barreras entre un *nosotros* y unos *otros* que suponen distancias e incluso rechazo y discriminación, ya que reconocer que existen diferentes significaciones del mundo pone en cuestionamiento la concepción que se tiene de él y con ello la misma identidad. En la tensión entre la posible alienación del sujeto, que rigidiza su identidad, y su autonomía o capacidad creadora y cuestionadora de la sociedad, se debaten las identidades. Los individuos necesitan compartir significaciones sociales imaginarias con otros para sentir que son parte de una misma colectividad, pero esos sentimientos de pertenencia pueden limitar la capacidad de reflexión autónoma

Además, las identidades s*on múltiples, auto-reflexivas y abiertas al cambio; apelan a la memoria y a una historia que se resignifica.*[12] Unas identificaciones se entrecruzan con otras y mantienen posiciones jerárquicas. Por ejemplo, la identidad nacional no es "compacta"; está atravesada por identidades regionales, étnico-culturales, de clase, generacionales y/o de género que, dependiendo de la coyuntura y del ámbito socio-espacial, pueden tener mayor peso que la nacional o condicionarla. Estos entrecruzamientos cuestionan una visión homogénea sobre las identidades, que pueden adaptarse a nuevas situaciones o resistirlas.

Finalmente, las identidades s*e construyen siempre en relación con otros y en la búsqueda de reconocimiento de otros que ocupan posiciones diferenciales de poder.* El concepto de diferencia, que supone una lucha por el reconocimiento de significados específicos, es central para comprender la construcción relacional de las identidades.[13]

Desde este enfoque, los migrantes reterritorializan sus identidades diferenciándose de otros grupos y culturas en las sociedades de destino, donde entran en tensión las relaciones sociales desiguales que suelen ubicarlos en un lugar de inferioridad y la expectativa de ser aceptados desde sus diferencias (y consecuentemente ser considerados parte de dichas sociedades) y de lograr sus metas de ascenso social y económico, principal motivo por el que emigraron.

Ahora bien, ¿por qué propongo la noción de diáspora y no la de migración como punto de partida conceptual? Porque el concepto de diáspora: i) trasciende la visión de la migración como desplazamiento de población vinculada a las

---

sobre la sociedad y sobre sí mismos como parte de un colectivo. La autonomía, por su parte, supone la capacidad de cuestionar esas significaciones sociales imaginarias dadoras de sentidos para introducir cambios a nivel histórico-social y así resignificar identidades que, de otro modo, se idealizarían. En la tensión entre alienación y reflexividad se debaten los imaginarios sociales y las identidades personales y colectivas. (Castoriadis, 1993 y 2004).

[12] Kellner (1992), Ogan (2001).
[13] Brah (2004), Kellner (1992).

oportunidades del mercado laboral; ii) subraya la importancia de las redes transnacionales en el proceso de establecerse en la sociedad de destino y en el intercambio material, cultural y simbólico de la población migrante, e incluye a las TIC como facilitadoras del intercambio y también como espacios de comunicación en los que se negocia y se pone en juego las identidades; [14] y iii) enfatiza el vínculo con la comunidad de origen y los imaginarios sociales y culturales que lo fortalecen.

Este trabajo no apela al sentido de comunidad religiosa original del concepto, sino que destaca la idea de comunidad, muy fuerte entre los migrantes bolivianos más allá de la heterogeneidad regional, étnica o socioeconómica. El término *migración* –usado frecuentemente en el texto– parece menos "comprometido" con la dimensión cultural y subjetiva que se enfatiza aquí.

La idea de diáspora hace hincapié en el imaginario sobre el origen de una población dispersa por el mundo que, sin embargo, no pierde su sentimiento de pertenencia a una comunidad. Desde mediados de la década de los ochenta, y sobre todo desde la década de los noventa, las ciencias sociales problematizaron el concepto para aplicarlo al estudio de comunidades migrantes. [15] Safran fue uno de los académicos que promovió el debate, cuestionando el significado religioso original del término –referido a la dispersión judía a partir del Exilio en el siglo VI a.C.– para analizar las diásporas actuales. [16]

---

[14] El enfoque de la diáspora también se diferencia del enfoque de las comunidades transnacionales pues aunque éste enfatiza la articulación de los "[...] ámbitos cultural, social y económico entre comunidades e instituciones sociales distantes geográficamente [... y destaca] el potencial de organización y acción colectiva subyacente en la configuración de comunidades transnacionales" (Canales y Zlolniski, 2001: 224), está más vinculado a una visión económico-social y menos interesado en analizar los aspectos subjetivos (sentimiento de pertenencia, imaginarios, símbolos y prácticas culturales) de las identidades de los migrantes.

[15] La revista *Diáspora*, dirigida por Tölölyan, cumplió un papel central en este debate.

[16] En la Antigua Grecia la palabra *diáspora* hacía referencia a la migración y colonización. En hebreo, se refería "al asentamiento de colonias judías fuera de Palestina después del Exilio de Babilonia, y [más tarde] a personas asentadas fuera de sus ancestrales tierras originarias". (Shuval, 2003, citada en Berthomière, 2005:

Así, las define como "comunidades minoritarias expatriadas" compuestas por personas que dejan un centro originario y se dispersan al menos hacia dos lugares periféricos; tienen una memoria o mito sobre su tierra natal; no se sienten completamente aceptadas en las sociedades receptoras; creen que volverán a su tierra cuando mejoren las condiciones; tienen la obligación de mantener o restaurar sus lugares de origen; establecen lazos solidarios con dichos lugares.[17]

Los factores que llevan a la diáspora no son relevantes en esta definición, pero no se restringen a los religiosos o étnicos, sino que incluyen motivos políticos y económico-sociales, estos últimos preponderantes en la migración boliviana. Y aunque las causas de la emigración no tienen demasiada importancia en esta definición, sí la tienen las características que definen una población en la diáspora para el caso que analizamos en este libro.

La idea de *comunidad diaspórica* de Ogan –quien analiza la comunidad turca en Amsterdam– hace hincapié en la memoria colectiva como referente para mantener la identidad en el lugar de destino en función de "construirse" como una minoría que transmitirá su herencia cultural a las futuras

---

25). Para Sideri hay una contradicción en el origen griego del término: "*dia-* (preposición que, cuando se usa en palabras compuestas, significa división y dispersión) y -*spiro* (literalmente, sembrar semillas). Así, se sugiere, por un lado, la idea de dispersión y, por el otro, la de estabilidad (la siembra de semillas sugiere una nueva vida y echar nuevas raíces)". (Sideri, 2008: 33). Sin embargo, podría pensarse como dispersión de semillas *para* generar nuevas raíces, lo cual no resulta contradictorio con la interpretación de la noción de diáspora.

17 Ver Ogan (2001: 5). En la definición de Safran la diáspora es un fenómeno relacional en el que destacan los lazos afectivos con el lugar de origen. La ve como una comunidad minoritaria con "actitudes parcialmente alienadas hacia el país de destino [y con] lealtades duras tanto materiales como emocionales con el país de origen". (Fernández, 2009: 5). Sideri (2008) critica en esta definición una suerte de naturalización del lugar de origen, pues sostiene que la diáspora proveniente de un país culturalmente diverso tiene distintas visiones, basadas en experiencias y memorias diferentes, sobre lo que significa su "lugar de origen". La autora –que estudia el caso de la diáspora griega en Georgia– destaca la necesidad de considerar la diferencia en la discusión del término para evitar una tendencia al esencialismo y la homogeneización.

generaciones en la nueva sociedad.[18] Tsagarousianou agrega
un elemento clave a la definición: para que una diáspora sea
concebida como tal –más allá de los vínculos con la comunidad, el intercambio de significaciones, la conectividad– es
preciso que la población se piense a sí misma como diáspora, lo que se verificaría en sus mecanismos de institucionalización.[19] Sheffer comparte esta idea cuando propone los tres
criterios que delimitarían una diáspora: i) el mantenimiento de
una identidad colectiva *como* diáspora, ii) la necesidad de una
organización institucional de la misma que mantenga distancia con las organizaciones tanto en el país de origen como en
el de destino y iii) la relación y contactos reales o simbólicos
con el país de origen.[20] Moraes agrega que para que pueda
hablarse de diáspora debe existir *conciencia de diáspora*, es
decir, los migrantes tienen que tener la voluntad, el interés y
la conciencia, de *pertenecer* a la comunidad nacional, y tienen
que generar acciones que expresen esa pertenencia.[21]

Diversos estudios sobre la migración boliviana en Argen-
tina, Brasil, Estados Unidos y España, como se verá enseguida, dan cuenta de que existe conciencia en gran parte de esta
población migrante de pertenecer a una diáspora y diversas
expresiones de esa conciencia, tanto a nivel de la práctica cultural, social y política como a nivel institucional.

Con una mirada dinámica vinculada a la diversidad de
experiencias dada por las coyunturas históricas, para Clifford
"el discurso de la diáspora" permite conectar las raíces cul-

---

18 Ogan (2005).
19 Tsagarousianou (2004).
20 Sheffer (1986), citado en Anteby-Yemini y Berthomière (2005: 263). La impor-
    tancia del proyecto identitario para la construcción de la diáspora es destacada
    también por Hovanessian (1998).
21 Moraes (2007) –quien estudió los migrantes uruguayos en España– subraya la
    importancia de la auto-percepción de ser parte de una diáspora: "Lo que define
    la diáspora es el sentirse, creerse y reconocerse diáspora. La diáspora es un lugar
    donde se fabrica etnicidad, y como tal, está cargado de localidad. [Pero la diás-
    pora no es homogénea.] No existe una diáspora uruguaya, sino diásporas. *Diás-
    poras localizadas*, que construyen la diáspora como terreno de disputas". (*Ibíd.*,
    p. 187).

turales con los diversos sentidos que construyen imaginarios colectivos "fuera del tiempo/espacio nacional, a fin de vivir adentro con una diferencia".[22] Este discurso articula aquello que Brah define como identidad basada en la diferenciación con un imaginario común que refuerza formas de solidaridad y pertenencia y podría interpretarse también como deseo de imaginar una continuidad en un mundo altamente fragmentado. La experiencia de la diáspora implicaría una "co-presencia de 'aquí' y 'allá'" que rompe, a partir de la nostalgia por un pasado que se vuelve deseo de futuro, el sentido lineal de la historia.[23] Esta experiencia implica además una noción del espacio en la que coexisten la dispersión (real) y un centro, que es a la vez un "territorio nacional real" y también una "patria imaginada" y la lucha por redefinir lo local en una situación de desplazamiento y desarraigo. Esa redefinición de lo local se ve impactada por los vínculos con otros en las sociedades receptoras y por aquéllos que se dan entre la población de un mismo origen nacional en la diáspora.

En un artículo en el que se hace una revisión exhaustiva del concepto, Mattelart propone que las diásporas son un fenómeno clave para analizar las transformaciones socioculturales en la globalización, pues los flujos transnacionales de población estimulan una reinvención constante de las identidades culturales.[24] Como fenómeno transnacional, su relación con las TIC, muy especialmente con Internet, les ha dado un nuevo impulso, pues en los espacios comunicativos que esta tecnología viabiliza encuentran la posibilidad de generar esferas

---

[22] Clifford (1999: 308).

[23] "La paradoja que da fuerza a la diáspora es que residir *aquí* supone solidaridad y conexión *allá*". (Clifford, 1999: 330). Sobre esta situación de co-presencia y las posibilidades que brinda Internet para la expresión de distintos modos de interactividad y mantenimiento de lazos interpersonales a las diásporas, ver Georgiou (2002) y Diminescu (2002).

[24] Mattelart (2009). Son numerosos los trabajos en que se revisa en profundidad esta noción. Entre ellos, además del mencionado, destaca el interesante artículo de Brubaker (2005). Puede verse también Anteby-Yemini y Berthomière (2005), Berthomière (2005), Hovanessian (1998), Dufoix (1999).

públicas que dan voz a quienes no pueden ejercer plenamente sus derechos ciudadanos y tienen dificultades para expresarse desde sus identidades particulares.

Las investigaciones sobre las diásporas se enmarcan en el enfoque del transnacionalismo, que enfatiza las relaciones entre las sociedades de origen y de destino más que una supuesta intención de los migrantes de "integrarse" en las sociedades de destino.

Un problema planteado por quienes proponen una mirada crítica de este concepto, es su uso indistinto hacia cualquier población dispersa en el espacio. El asunto es que:

> "Si todos [los grupos de migrantes] son diaspóricos, entonces ninguno es distintivamente diaspórico. El término pierde su poder de discriminación: su habilidad para captar un fenómeno, para hacer distinciones. La universalización de la diáspora, paradójicamente, significa la desaparición de la diáspora".[25]

Frente a esto, Brubaker plantea tres criterios que serían indispensables en los estudios sobre las diásporas, a saber: i) la dispersión de la población; ii) una clara orientación (real o imaginaria) hacia el lugar de origen como fuente de valores e identidad –ello supone la pervivencia y actualización de una memoria colectiva, concebir el lugar de origen como el "verdadero hogar" donde sea posible retornar, comprometerse colectivamente a contribuir a la seguridad y beneficio del mismo y mantener contacto con él como modo de construir la propia identidad–; y iii) la preservación de los límites entre grupos culturales, es decir entre el grupo de migrantes y la sociedad de destino.[26] Este último es un criterio indispensable

---

[25] Brubaker (2005: 3). Esta misma inquietud es planteada por otros autores que también cuestionan la visión esencialista de las diásporas, enfatizando sus contenidos políticos y sus instituciones y oponiéndose a una lectura discursiva de las mismas. Ver, por ejemplo, Sorj (2007), Tölölyan (1996; 2005), Sheffer (1993), Berthomière (2005).

[26] Para una discusión sobre el sentido de la "tierra de origen" en el concepto de diáspora, ver: Cohen (2008), Mishra (2005), Tölölyan (2005). Sobre los límites entre grupos culturales, ellos "[...] pueden ser mantenidos por una resistencia

del concepto, pues permite distinguir claramente una "comunidad" que, para mantenerse, precisa de la solidaridad activa y de "relativamente densas relaciones sociales, que trascienden los límites estatales y vinculan a los miembros de la diáspora en diferentes estados en términos de 'comunidad transnacional'".[27] Tal preservación de los límites debe prolongarse en el tiempo, es decir, al menos en la segunda y tercera generación de migrantes.[28]

Brubaker sostiene que los estudios actuales sobre las diásporas marcan un cambio de enfoque en relación con el fenómeno de la migración, visto clásicamente desde la perspectiva de la asimilación e integración a la sociedad de destino, como "ruptura definitiva con el lugar de origen". Distintos autores destacan la renovación de este concepto como respuesta a una lectura asimilacionista muy presente hasta la década de los setenta. Asimismo, todos los estudios sobre las "diásporas" apelan, cuestionan o trabajan la relación con los Estados nacionales, lo que sucede ocasionalmente cuando se estudian las "migraciones".[29]

Mi perspectiva precisamente se vincula con este viraje en el enfoque. Ahora bien, esta nueva interpretación y uso del concepto, así como el de otros como transnacionalización o desterritorialización, ¿describen un fenómeno realmente existente?

"Más específicamente, ¿la 'porosidad sin precedentes' de las fronteras [...] –la circulación sin precedentes de personas, bienes, mensajes, imágenes, ideas y productos culturales– significa un realineamiento fundamental en las relaciones entre política y cultura, estado territorial e identidades culturales?".[30]

---

deliberada a la asimilación a través de una auto-reforzada endogamia [...] o como una consecuencia no intencionada de la exclusión social [...]". (Brubaker, 2005: 6).

[27] *Ibíd.*

[28] Hirji (2009).

[29] Anteby-Yemini y Berthomière (2005).

[30] Brubaker (2005: 8).

Como analistas parece prudente tomar ciertos recaudos en el uso del concepto de diáspora, sobre todo para enfrentar una tendencia a esencializarlo vinculada a una comprensión idealizada de las identidades nacionales y del Estado-nación que ha tendido a homogeneizar las identidades diversas bajo el ala nacionalista.[31] Frente a ello, Brubaker propone que

"deberíamos pensar la diáspora [...] como un idioma, una postura, un reclamo. [Pensarla] en primera instancia, como categoría práctica y sólo luego preguntarnos de qué manera puede ser usada fructíferamente como categoría de análisis. Como categoría práctica, [la idea de] 'diáspora' es usada para realizar reclamos, articular proyectos, formular expectativas, movilizar energías, apelar a fidelidades. Es frecuentemente una categoría con una fuerte carga normativa. No *describe* mucho el mundo, sino que busca *rehacerlo*. Como idioma, posición y demanda, la diáspora es una manera de formular identidades y lealtades de la población".[32]

Y en este sentido también sería un espacio de práctica política.

En fin, la discusión que se viene dando en torno a este concepto no termina en una sola definición válida para quienes trabajan el tema. El mismo debate demuestra la dificultad, sin embargo, de sostener una idea esencialista de diáspora y más bien se orienta a analizar las identidades diaspóricas en términos más fluidos y dinámicos.[33] En este sentido, las preguntas, según propone Sharmani, deberían girar en torno a cuáles son los rasgos que caracterizan a un determinado grupo en diáspora; cómo influyen las culturas de las sociedades de origen y las de las sociedades de destino en la relación de estos

---

[31] La diáspora debería ser vista como "alternativa" a la esencialización de las pertenencias y no como "*forma* no territorial de representación de pertenencias esencializadas". *(Ibíd.)*

[32] *Ibíd.*, p. 12.

[33] Como todo concepto, el de "diáspora" es una construcción teórica sobre un fenómeno social que tiene la intención de organizar una manera de mirar dicho fenómeno. Hovanessian, Marzouk y Quiminal (1998), destacan que este concepto supone un reconocimiento igualitario en una relación de alteridad.

grupos con sus naciones en el contexto global; cuál es el impacto de las culturas alternativas que ellos expresan en términos de las "narrativas hegemónicas de nación e identidad" y del reconocimiento a partir de la diferencia.[34]

Un punto sobresaliente de la discusión tiene que ver con el debate en torno a la identidad nacional y al Estado-nación. El concepto de diáspora tal como lo hemos venido trabajando pone en tela de juicio cualquier adhesión acrítica a la identidad nacional y a las narrativas homogeneizadoras de dicha identidad que tienden a propugnar los Estados. El discurso nacionalista fracasaría frente a las comunidades diaspóricas porque no da respuesta a las nuevas realidades que ellas viven.[35] Otra crítica que se suma al debate es que en general la diáspora ha sido vista como neutral en términos de género, clase y generaciones, considerados también como entidades homogéneas.[36] Las diferencias al interior de los grupos diaspóricos son, entonces, también importantes. ¿Qué significaciones adquiere la pertenencia a una "diáspora nacional" desde las distintas identificaciones que asumen sus miembros?

En fin, el enfoque de diáspora que utilizo tiene la ventaja de permitir una mirada más abarcadora en términos culturales que la noción de migración, además, porque es una *categoría*

---

34 "La 'diferencia' habla de relaciones de poder y subordinación, privilegio y exclusión, pero también de resistencia y transformación. La diferencia es lo que permite a la diáspora mantener su ángulo crítico". (Sharmani, 2010: 3). Tölölyan iría en el mismo sentido cuando dice que "los grupos diaspóricos (marginalizados en la exclusión como 'los otros' paradigmáticos de la nación), [construyen] una narrativa de identidad y subjetividad *separada-pero-igual* que sobrepasa las fronteras del Estado-Nación" (*Ibíd*. Las cursivas son mías). En los grupos diaspóricos malayos, Sharmani ve la realización de una "agencia de resistencia que no sólo desafía sino también reconfigura las narrativas dominantes de la nación". (*Ibíd*.).

35 Se trata de un discurso surgido de la tradición iluminista europea, que rescata valores de universalidad pero coloca en segundo plano la diversidad cultural. Este discurso hoy no es capaz de reconocer las demandas de inclusión nacional planteadas por los grupos diaspóricos, que buscan "afirmar sus distintas historias culturales, principalmente como respuesta estratégica a su exclusión y marginalización por los Estados". (*Ibíd*., p. 8). Es decir, demandan ciudadanía desde sus identidades particulares.

36 Mishra (2006), citado en Fernández (2009: 5).

de alteridad que permite interpretar las identificaciones de ese "otro" diferente que es el migrante comprendido no individual sino colectivamente.[37] Cabe mencionar, empero, que algunos autores han re-trabajado la noción de migraciones a partir del impacto de la conectividad tecnológica para estos grupos.[38]

El caso de Bolivia resulta especialmente interesante porque tanto en el país como entre los bolivianos emigrados e incluso entre su descendencia, la idea de comunidad y las experiencias y prácticas sociales y culturales en torno a ella son muy importantes –más allá de la alta heterogeneidad regional, étnica y socioeconómica– y suponen un compromiso que no sólo se expresa en el envío de remesas, sino muy especialmente en la reivindicación y resignificación de sus identidades como bolivianos en las sociedades de destino. Los bolivianos en la diáspora reconstruyen imaginariamente y reterritorializan sus identidades regionales, étnicas, nacional, promoviendo lazos de solidaridad y pertenencia –no exentos de paradojas y tensiones– tanto entre ellos como con sus pueblos, ciudades o territorios originarios, como se verá enseguida.[39]

Bolivianos por el mundo

Se calcula que aproximadamente 1.500.000 bolivianos residen fuera del país sobre un total de 10.500.000 que viven en Bolivia, según el Censo de 2012. Aunque las cifras oficiales son conservadoras, pues no incluyen a los migrantes indocumentados ni a aquéllos que radican en el exterior por un período corto, son las únicas fidedignas disponibles dada la falta de un sistema de información más preciso y periódico. Así, en 2004 el Servicio Nacional de Migraciones de Bolivia estimaba que la población

---

[37] Hovanessian (1998: 2).
[38] Diminescu (2005).
[39] En estos procesos, sin embargo, se reproducen relaciones de jerarquía y diferenciación interna. Un ejemplo patente es el caso de los trabajadores bolivianos en los talleres textiles en Buenos Aires y en São Paulo.

radicada en el exterior representaba el 14% del total de bolivianos (aproximadamente 1.150.000 emigrados). El Censo de 2012 mostró que en el 11% de los hogares había alguna persona que entre 2001 y 2012 había emigrado al exterior (aproximadamente 1.103.000).[40]

Según datos de CEPAL-OCDE-OEA, el promedio anual de la emigración boliviana únicamente a países de la OCDE entre 2003 y 2007 fue de 50.670 personas (promedio que bajó en 2008-2009 a 15.900 personas dada la crisis que afecta a estos países en los últimos años y a que la gran mayoría de los emigrados se dirigió a España, país que endureció la normativa de ingreso de migrantes bolivianos en 2007). Esto significa que entre 2003 y 2009 emigraron a los países de la OCDE un total de 285.150 bolivianos.[41] De acuerdo con el *Informe de Desarrollo Humano 2009*, el 71% de los migrantes bolivianos reside en países de América Latina y el Caribe, el 15% en Norteamérica y el 8% en Europa; es una población que busca destinos con desarrollo humano alto y muy alto.[42]

En lo que sigue presento un panorama general sobre los migrantes bolivianos en Argentina, donde se ha producido una extensa bibliografía al respecto, y en Brasil, Estados Unidos y España. Se trata de los cuatro principales países de destino para los migrantes bolivianos en las últimas décadas. Creo que este panorama general, basado en la producción académica sobre el tema, fundamenta una lectura de la migración boliviana desde el concepto de diáspora.

Los bolivianos en Argentina

Desde mediados de los años noventa se observa un creciente interés académico por los migrantes bolivianos en Argentina. No sólo el alto número de inmigrantes de este país explicaría dicho interés, sino particularmente su incidencia económica

---

[40] Información disponible en: http://goo.gl/X5FSm4.
[41] SICREMI (2011: 19).
[42] PNUD (2009: 148).

y productiva en sectores específicos como la horticultura, los talleres textiles y el comercio, y su mayor visibilidad a través de expresiones culturales propias que se manifiestan de manera creciente en las calles de las ciudades argentinas, así como por sus organizaciones y redes sociales y culturales.

Dados los estudios revisados y la información obtenida de los distintos Censos de Población y Vivienda en Argentina, la migración boliviana al país se dio de manera sostenida desde antes de la formación de las Repúblicas en la región, ya que hubo comercio incluso antes de la Colonia, sobre todo en la zona actualmente fronteriza. Durante el siglo XIX y hasta mediados del XX predominó una migración "golondrina", que llegaba a las provincias del Noroeste para trabajar en la zafra.[43] Se trataba de una migración de carácter rural-rural. Ello se modificó sustancialmente hacia fines de 1960, cuando la crisis de las economías regionales en Argentina hizo que la migración boliviana buscara nuevos destinos, sobre todo en la Provincia de Buenos Aires, con énfasis en la zona metropolitana de la ciudad de Buenos Aires –donde desde entonces comenzó a llegar de manera directa desde Bolivia–, y en la Provincia de Mendoza, donde se fue ocupando en la actividad hortícola. La migración se fue transformando en rural-urbana y en la actualidad se ha vuelto crecientemente urbana-urbana. Los migrantes eligen los lugares de destino en función de los mercados de trabajo, la demanda de mano de obra en los distintos sectores y las redes sociales con las que pueden contar en los lugares de llegada.[44]

De acuerdo con el Censo de 2010 de Argentina, la población de origen boliviano residente en el país suma un total de 345.272 personas, siendo la segunda población en cantidad de

---

[43] Domenach (2007). Sobre la migración boliviana en provincias fronterizas ver Caggiano (2003, 2006, 2007, 2008), Domenach *et al.* (2007), Karasik (2005), Guzmán (2006), Campisi (2001), Sadir (2009), Sala (2002), Nicola (2008), Bologna (2007a), Pérez (2004) e Hinojosa *et al.* (2000a, 2000b).

[44] Para un panorama histórico demográfico sobre las trayectorias de los migrantes, ver Celton y Carbonetti (2007), Ceva (2006), Bolognia (2007b), Sassone (2009), Benencia y Karasik (1995).

migrantes luego de los paraguayos. En relación con las poblaciones de los otros países limítrofes y el Perú, la proporción de migrantes bolivianos fue aumentando sostenidamente y actualmente representa el 28% de los migrantes de esos países.[45] La gran mayoría vive en la Provincia de Buenos Aires (43% –y se concentra sobre todo en el Gran Buenos Aires–), en la ciudad de Buenos Aires (22%), en Mendoza (8%), Jujuy (8%) y Salta (6,5%); también se fueron extendiendo desde inicios de este siglo hacia las provincias de la Patagonia (6%).[46]

Del total de migrantes bolivianos, el 49,7% son hombres y el 50,3% son mujeres. Desde 1960 la feminización de esta migración es creciente, sobre todo en las provincias de Salta y Jujuy y en la ciudad de Buenos Aires. En el resto de las provincias, la migración boliviana sigue siendo mayoritariamente masculina. El mayor componente femenino se da en el tramo de edad de entre 20 y 29 años, de alta inserción en la actividad económica. Investigaciones con enfoque de género sostienen que la creciente feminización de la migración boliviana está alentada desde un proyecto familiar, y no es en general expresión de una decisión individual asociada a una mayor autonomía de las mujeres. Es decir, aunque ellas emigran con un objetivo laboral, éste está asociado comúnmente con un proyecto compartido familiarmente.[47]

Si bien no hay datos actualizados del INDEC sobre la ocupación laboral de esta población específica de migrantes (en general la información sobre los migrantes no distingue el país de procedencia), información del año 2001 mostraba que los hombres se ocupaban principalmente en los rubros "construcción", "agricultura" y "manufacturas", mientras que las mujeres lo hacían en "servicio doméstico" y "comercio". Según

---

[45]   Courtis y Pacecca (2008). Según el Censo de 2010, el 4,5% la población en Argentina nació en el extranjero; el 3,1% nació en países limítrofes; el 0,86% nació en Bolivia (http://go o.gl/EkcF).

[46]   Censo 2010 (en: http://goo.gl/EkcF), Ceva (2006). Entre los estudios sobre esta población en provincias de la Patagonia, ver Bankirer (2003) y Baeza (2006, 2008).

[47]   Magliano (2007, 2009), Mallimaci (2009), Courtis y Pacecca (2008).

la Encuesta de Hogares 2002-2003 en la ciudad de Buenos Aires y 14 partidos del Gran Buenos Aires, la principal ocupación se daba en la "industria textil", seguida por el "comercio minorista", la "construcción" y el "servicio doméstico". Los hombres se ocupaban mayoritariamente en empleos de carácter operativo mientras las mujeres lo hacían en su gran mayoría en empleos de baja calificación. Asimismo, el nivel de inseguridad laboral era altísimo entre estos trabajadores.[48] Lamentablemente no se pudo encontrar datos más recientes sobre el tema, pero es dable suponer que la precariedad laboral ha disminuido durante el último decenio, considerando que los años de la Encuesta mencionada fueron de crisis socioeconómica, que la Ley de Migraciones promulgada en 2004 y el Programa Patria Grande en 2006 –de regularización de los migrantes de países limítrofes más aquéllos procedentes de Perú, Ecuador, Colombia y Venezuela– habrían favorecido la situación laboral de los mismos y que con la aprobación de la Ley 26.844 de "Contrato de trabajo para el personal de casas particulares" en 2013 aumentó sustantivamente el trabajo registrado en este rubro laboral en el que se ocupa parte de las migrantes bolivianas.

Varios autores han estudiado la ocupación de la migración boliviana, sobre todo en el rubro de la producción hortícola y su incidencia en la comercialización de sus productos.[49] Menos trabajado es el tema de la ocupación en la industria textil, probablemente por las dificultades para obtener información en este ámbito ya que los talleres de confección en general trabajan de manera ilegal y mantienen a sus trabajadores en condiciones de explotación laboral extremas, aprovechándose del desconocimiento de los nuevos migrantes de sus derechos laborales y de radicación en Argentina.[50]

---

[48] INDEC-ECMI (2002-2003), Maguid y Bruno (2009), Courtis y Pacecca (2010), Pizarro (2009a).

[49] Benencia (2006, 2008, 2009, 2010), Benencia y Geymonat (2005), Pascucci (2009), Pizarro (2009b), Hinojosa *et al.* (2000a, 2000b), Pérez (2004), Prikken (2004).

[50] Ver Benencia (2010), Vera (2009), Szmukler (2015).

La distribución espacial de los residentes bolivianos en las ciudades y zonas metropolitanas fue configurando los llamados "barrios de bolivianos", donde no sólo viven sino donde también comercializan productos propios de su país, tienen restaurantes de comida típica, organizan campeonatos deportivos (especialmente de fútbol) y encuentros en sus parques y celebran sus fiestas patronales, tan importantes en Bolivia y reeditadas en las ciudades donde hay más concentración de migrantes bolivianos.[51] En fin, realizan una suerte de apropiación "étnica" de esos espacios de la ciudad donde se produce, en palabras de Appadurai, una reterritorialización de la cultura boliviana en la Argentina.

En términos de ciudadanía, la Ley 25.871 de Migraciones de 2004 fue un avance central, pues reconoció derechos ciudadanos a los migrantes, beneficiando en particular a los de países limítrofes y el Mercosur.[52] El Programa Patria Grande regularizó, en este marco, la situación de miles de migrantes a quienes la falta de documentación colocaba en una posición de vulnerabilidad legal con las consiguientes implicancias para residir, trabajar, acceder a servicios de salud y educación, entre otros. Pero más allá de las oportunidades que la regularización pueda brindar, como dice Jelin, el tema de la ciudadanía de los migrantes plantea una discusión en torno al pluralismo de la democracia.[53]

Si bien la legislación es amplia y combate la situación de irregularidad de los migrantes, quienes habilitan los derechos que la Ley otorga con frecuencia colocan trabas que expresan los prejuicios y el rechazo de parte de la sociedad de destino hacia esta población.[54] Ello se verifica en las dificultades de ser admitidos en los hospitales, en los acuerdos laborales en los

---

[51] Sobre el desplazamiento y la ocupación territorial de los migrantes bolivianos, ver Baeza (2008), Pizarro (2009a, 2009c), Sassone (2007, 2009), Sassone *et al.* (2006), Mera y Sassone (2007), Grimson (1999), Sarlo (2009).

[52] Jelin (2006), Domenech y Magliano (2008), Novick (2008), Courtis (2009), Mardones (2009).

[53] Jelin (2006).

[54] Caggiano (2006, 2007, 2008).

que los patrones no regularizan la situación de trabajadores migrantes, en la discriminación por parte incluso de funcionarios públicos de que pueden ser víctimas, etc. Sin embargo, esta Ley es un gran logro en términos de ciudadanía de los migrantes pues reconoce sus derechos económicos, políticos, sociales y culturales, así como la situación de irregularidad con el objeto de subsanarla. Además, facilita la libre circulación de personas al distinguir en particular a los migrantes de los países del Mercosur y asociados.

La Ley fue sancionada luego de un período –durante la década de los noventa– en el que primó un discurso discriminador, racista y xenófobo, que se refería al fenómeno de la migración limítrofe en términos de "invasión", cuando en realidad la proporción de migrantes de esos países se ha mantenido constante durante los últimos 100 años en torno al 3%. Según ese discurso, entre los "invasores" abundaban delincuentes, narcotraficantes e "ilegales" que venían a "quitar el trabajo" a los argentinos. Así, desde la política y los medios se distorsionó la realidad demográfica, colocando a los migrantes limítrofes como "chivos expiatorios" de la crisis que comenzó a afectar al país a mediados de la década de 1990. Desde ese discurso, además, se negaba la ciudadanía para los migrantes y se "justificaba" su situación de desigualdad de derechos.[55]

Esto fue cambiando a partir de los primeros años del nuevo milenio. Desde los medios de comunicación se pasó de considerarlos "invasores", con las connotaciones señaladas, a "esclavos" explotados principalmente por sus compatriotas en los talleres textiles. Si bien la explotación laboral es muy alta en estos talleres, y las condiciones de trabajo y vivienda son tremendamente precarias e incluso restrictivas de las libertades de los trabajadores, el mensaje que dan los medios cuando identifican a los migrantes bolivianos como "esclavos" los coloca en una situación de sumisión e inferioridad, negándoles el carácter de ciudadanos, pues un esclavo carece de todo

---

[55] Bruno (2007), Casaravilla (2000), Benencia (2004a), Caggiano (2008), Grimson (2006).

derecho.[56] De allí que los propios migrantes quieren "despegarse" de esta denominación: saben que no contribuye a que sean vistos como personas dignas y con derechos, es decir, como ciudadanos. Por otra parte, hay un discurso discriminador que se manifiesta de manera positiva, por ejemplo, cuando se valora al migrante boliviano por ser trabajador y humilde, que no exige ni reclama cuando se encuentra en una situación laboral de precariedad o de baja retribución económica;[57] es decir, se valora positivamente su "sumisión".

La mayor visibilidad que hoy tiene la migración boliviana adquiere carácter negativo cuando se asocia a un discurso racista y xenófobo, pero es positiva cuando se vincula a las expresiones festivas en las que participan los migrantes, a veces incluso en instancias promovidas por gobiernos municipales o el gobierno nacional, como en los festejos del Bicentenario en 2010.

En términos del reconocimiento de parte del Estado Plurinacional de Bolivia de la ciudadanía política de los emigrados, recién en diciembre de 2009 éstos pudieron ejercer su derecho al voto en el exterior por primera vez.[58] Las movilizaciones de los migrantes en varios países en reclamo de este derecho evidenciaron su deseo de participación política y de ser reconocidos por su propio Estado como un modo de expresar su pertenencia y reforzar sus lazos con el país de origen. Asimismo, contribuyeron a que los bolivianos que residen en Bolivia visibilizaran el peso y la significación que tiene la diáspora boliviana. Esta lucha tuvo el apoyo decidido del gobierno del Estado Plurinacional y en particular del Movimiento al Socialismo en el poder. El reconocimiento de este derecho empoderó a una población diaspórica considerada históricamente por su contribución económica a través de las remesas, pero que no era valorada por sus capacidades o derechos políticos.

---

[56] Vásquez (2009), Cartechini y Rivas (2009).
[57] Benencia (2004b).
[58] Domenech e Hinojosa (2009), Araujo (2010), Lafleur (2012).

En relación con su nivel de organización, los migrantes bolivianos cuentan con amplias redes socioeconómicas y numerosas organizaciones sociales, culturales y políticas, que orientan a los nuevos migrantes, brindan espacios de sociabilidad a partir de actividades culturales y promueven sus derechos.[59] Estas redes son centrales en el mantenimiento de un sentimiento de pertenencia a la colectividad y también en la obtención de empleo –como ocurre por ejemplo en los rubros hortícola y textil–, pero también ponen de manifiesto las diferenciaciones económicas, de poder, regionales, generacionales, etc., al interior de la colectividad. Dado el funcionamiento activo de estas redes, algunos autores hablan de la colectividad boliviana emigrada como comunidad transnacional. Esas diferenciaciones se manifiestan en la diversidad de las organizaciones, que muestra a la vez la fuerza del sentimiento de pertenencia a la colectividad como bolivianos y su segmentación. Quienes han estudiado algunas de estas organizaciones plantean la existencia de problemas de representatividad –tanto hacia el interior de la colectividad como frente a las entidades estatales argentinas– por sus límites para incluir la heterogeneidad de esta población, lo que se expresa en rivalidades por el origen rural o urbano y regional de los migrantes, por cuestiones generacionales, por su diversidad en términos de ocupación laboral, por sus posicionamientos políticos, etcétera.

En los últimos años han surgido organizaciones que si bien están conformadas por bolivianos, se reivindican como representativas de pueblos originarios, es decir, privilegian una identidad étnica indígena sobre la nacional. Esto estaría asociado a que desde 2005 el Presidente del Estado Plurinacional de Bolivia es de origen indígena. También muestra la "flexibi-

---

[59] Sobre las organizaciones de los migrantes bolivianos ver Caggiano (2005), Gavazzo (2007, 2008), Ortiz (2005), Pizarro (2009b), Baeza (2006, 2008). Desde el enfoque de la teoría de las redes transnacionales para explicar la sostenibilidad de los flujos migratorios, ver Rivero (2006), Benencia (2006, 2008), Bologna (2004).

lidad" de parte de esta población para reivindicar una u otra identidad de acuerdo con las oportunidades y valoraciones que brindan las circunstancias históricas.

Existe otro conjunto de trabajos sobre las fiestas patronales que se realizan en distintas ciudades y barrios y las danzas que ensayan y bailan las Fraternidades que participan en ellas. Esas fiestas son momentos clave de expresión de la identificación con Bolivia.[60] En ellas, a través de la música y las danzas así como del ritual religioso que desarrollan, se reconocen como colectividad boliviana y muestran a la sociedad argentina sus "orígenes". Son eventos que exponen una gran riqueza y diversidad cultural, confrontando el estereotipo del migrante boliviano como humilde, sumiso y víctima. Que estas fiestas hayan adquirido mayor visibilidad en los últimos años también puede vincularse con una mayor movilidad social de los bolivianos en Argentina y con la reivindicación de "lo boliviano" por parte de sus descendientes argentinos, que a la vez son miembros de la colectividad boliviana.[61]

El análisis de las fiestas, en las que los jóvenes tienen una fuerte presencia, plantea preguntas en torno a las diferencias al interior de la colectividad –por ejemplo, los jóvenes pueden ser cuestionados por los migrantes más antiguos por "no respetar" las tradiciones cuando hacen alguna modificación a la danza–. Esas diferencias se asocian con distintos posicionamientos dentro de la colectividad, que se traducen en modos diversos de expresar la pertenencia a la misma y en las significaciones que ella adquiere.[62] ¿Quiénes determinan los sentidos y significados de dicha pertenencia? A nivel generacional, pareciera que los más jóvenes –muchos de ellos nacidos en Argentina o que migraron siendo niños– se sienten parte de la colectividad

---

60 Canevaro y Gavazzo (2009).
61 Olivera (2009).
62 Sobre los distintos posicionamientos y sentidos en torno a la pertenencia a la colectividad y las diversas identificaciones que se juegan en las fiestas, puede verse Grimson (1999), Gavazzo (2009), Giorgis (2000), Bompadre (2005).

boliviana y desean participar y "ejercer" su pertenencia bailando en las fiestas, pero lo hacen a su manera, combinando su "lado" argentino.

La fiesta es también un momento de apropiación del espacio público: la colectividad, representada por sus organizaciones y Fraternidades, toma las calles habilitada por el gobierno local y la policía, para finalizar su recorrido en una Iglesia o parroquia donde es legitimada también por la autoridad religiosa. Finalmente, la fiesta es un momento en que la colectividad boliviana radicada en Argentina tiende a ser visibilizada positivamente como un "otro" por los argentinos, un momento que logra evadir el estereotipo y oponerse a los prejuicios con los que se suele asociar a sus miembros. Pero no se trata sólo de una respuesta al "otro" argentino sino también de una representación orientada hacia el interior de la colectividad en la diáspora.

Los bolivianos en Brasil, Estados Unidos y España

A diferencia de la Argentina, que como vimos es un lugar de destino desde antes de la Colonia, la migración boliviana hacia Brasil, Estados Unidos y España –que son los otros tres principales destinos luego de Argentina– es una tendencia relativamente reciente. Hacia Estados Unidos se dio a partir de la década de 1970, hacia Brasil en la de 1980 y hacia España durante la primera década de este siglo, tendencia que remitió en los últimos años debido a la crisis económica en ese país y a las restricciones a la migración boliviana a través de requisitos de ingreso más estrictos a partir de 2007.

En Brasil, las investigaciones sobre los migrantes bolivianos han privilegiado, por un lado, el tema de los trabajadores en los talleres textiles en la ciudad de São Paulo, donde se concentra la mayor cantidad de migrantes, y sus prácticas de reproducción sociocultural; por otro, los "estudios de frontera", que analizan el impacto y las características de la migración boliviana en ciudades fronterizas.

Antes de 1980 la población de origen boliviano que se dirigía sobre todo a la ciudad de São Paulo iba en buena medida a estudiar a las universidades. La aguda crisis económica que vivió Bolivia en los años 80 hizo que se modificara la composición de la migración y comenzaron a emigrar trabajadores para emplearse en talleres textiles de coreanos y brasileños, lo que se mantuvo durante los años 90. En esos años, los bolivianos ya asentados que lograron movilidad social también empezaron a reclutar nuevos trabajadores en Bolivia, de manera similar a lo ocurrido en este mismo nicho laboral en Argentina. Hoy los bolivianos constituyen el grupo más numeroso de hispanoamericanos en São Paulo.[63]

Los migrantes que llegan a esta ciudad son jóvenes, con baja calificación, en general solteros, y procedentes de La Paz y Cochabamba. Van a trabajar a talleres textiles en condiciones de alta precariedad laboral –jornadas de hasta 18 horas, hacinamiento, restricciones para salir bajo amenaza de que la policía los detendrá por falta de documentación, muy bajos salarios, pagos irregulares–, con la idea de que en Brasil podrán lograr ascenso social y económico. Las malas condiciones laborales se refuerzan por la falta de documentación, que además contribuye a que se los estigmatice.[64] Muchos de estos migrantes no van con el objetivo de permanecer en São Paulo. Se trata de una migración pendular que se moviliza de acuerdo con el momento de alta o baja en la producción textil, e incluso puede moverse entre São Paulo, Buenos Aires y Bolivia, según la conveniencia económico-laboral. La explotación en los talleres, tal como ocurre en Buenos Aires, se comprende dentro de los marcos de una relación de dependencia del trabajador con el dueño del taller y no como una "cultura laboral propia de los bolivianos", sentido este último que los migrantes rechazan porque es utilizada finalmente para descalificarlos o

---

63 Sala (2005), Sala *et al.* (2006), Souchaud (2010).
64 S. da Silva (1998, 1999, 2006a), Freire da Silva (2008), Tavares de Freitas (2010).

discriminarlos por "esclavos" y no para protegerlos como sujetos de derechos. A esto se suma la discriminación por su origen
indígena y su condición socioeconómica.

Las redes de migrantes, como habíamos visto también
para el caso de Argentina, cumplen un papel central en la
obtención de empleo y en la instalación –en un principio siempre precaria– en la ciudad, a la vez que facilitan procesos de
reunificación familiar y de formación de nuevas uniones entre
una población fuertemente endogámica, y refuerzan sus identificaciones como colectividad boliviana a través de sus organizaciones y actividades sociales y culturales (la Feria de Alasitas,
el festejo del Carnaval, la Fiesta en honor de la Virgen de Copacabana y de Urkupiña, entre otras) que realizan en espacios
públicos como algunas plazas paradigmáticas, actividades que
reúnen migrantes de distinto estrato socioeconómico, edades
y origen étnico.[65]

Da Silva plantea que los símbolos y prácticas culturales
de los bolivianos en São Paulo actúan tanto como elementos
de diferenciación frente a la sociedad de destino como *de identificación en* la sociedad de destino. Los símbolos contenidos
en esas prácticas (disfraces, máscaras, accesorios, coreografías), son llevados con orgullo apelando a una "posible 'identidad cultural' boliviana –aunque la pluralidad cultural sea una
característica innegable de aquel país andino–".[66] En este sentido, por ejemplo, la Fiesta de la Virgen de Copacabana, que
en Bolivia es de carácter regional y se realiza en La Paz, en São
Paulo como en Buenos Aires es la "Fiesta de los bolivianos", es
decir, se le da un contenido nacional. La idea de da Silva es que
la *migración de los símbolos* –el uso de los mismos símbolos
en diferentes contextos– permite, en el caso de los migrantes
bolivianos en São Paulo, establecer un diálogo en la sociedad
que los recibe, donde los significados de sus prácticas culturales cambian, dejando también así en evidencia la polisemia
de los símbolos.

---

[65]   S. da Silva (2005, 2006a, 2006b), Souchaud (2010).
[66]   da Silva (2005: 80).

Los estudios sobre la dinámica poblacional en lugares de frontera apuntan a los procesos de reversibilidad de los flujos en esas zonas y su vinculación con ventajas económicas y servicios sociales en los lugares de origen y destino, con políticas de desarrollo específicas y con el papel de las redes de migrantes en el movimiento transfronterizo.[67] También existen estudios sobre la heterogeneidad cultural al interior de la colectividad boliviana en estas zonas y los modos en que se reterritorializa la diferencia.[68]

A partir de los años 70, y hasta el endurecimiento a la entrada de migrantes luego de los atentados del 11 de septiembre de 2001 en Estados Unidos, la opción por emigrar a ese país fue creciente, en la misma medida en que fue decreciendo la opción por emigrar a Argentina. Entre 1970 y 1990, mientras que los índices de masculinidad de la migración boliviana fueron disminuyendo en Argentina, en Brasil y Estados Unidos fueron aumentando.[69] Asimismo, si bien a inicios de la década de 1970 era alto el porcentaje de migrantes bolivianos en Estados Unidos con calificación profesional o técnica, esta tendencia fue en franca disminución hacia los años 90.

De acuerdo con la información estadística disponible, si bien la franja de edad predominante de los migrantes es entre 15 y 39 años (56%) –es decir personas que se encuentran en edad económicamente activa–, el caso de los bolivianos, a diferencia de las otras poblaciones de migrantes en Estados Unidos presenta la particularidad de tener una alta proporción de migración infantil de hasta 15 años (15%), lo que ocurre únicamente con los migrantes bolivianos y venezolanos. Cerca del 30% de los bolivianos tiene un alto nivel de escolaridad, que se refleja en un alto porcentaje ocupado en puestos

---

67 Souchaud (2010), Fusco y Souchaud (2009), Sala y Magno de Carvalho (2008), Sala (2005), Oliveira da Silva (2009), Marques (2007).

68 Souchaud y Baeninger (2008), Souchaud *et al.* (2007).

69 Villa y Martínez (2000), Canales (2006).

profesionales y directivos y en puestos técnicos y administrativos (45%), mientras que más de la mitad se emplea en ocupaciones semi-calificadas (29%) y no calificadas (26%).[70]

La comunidad de bolivianos más importante en Estados Unidos se encuentra en Washington, Arlington y Virginia, donde son el segundo grupo de migrantes hispanos luego de los salvadoreños. Aunque de menor peso numérico, existen colectividades en Miami, San Francisco, Chicago y Los Ángeles.[71] En todas estas localidades reproducen prácticas comunitarias y culturales que sostienen su identificación como bolivianos, lo que parece ser un mecanismo para "sobrevivir" psicológicamente como comunidad en el exterior.

Existen estudios muy interesantes sobre el impacto de la emigración a Estados Unidos en la región de Cochabamba a través de las remesas, entendidas como un modo de "retorno" del migrante, aunque éste continúe residiendo en el exterior, y como "mecanismos de ayuda transnacional".[72] Los campeonatos de fútbol ocupan un lugar clave porque no sólo son momentos de encuentro de la colectividad sino también actividades que permiten recolectar dinero que luego llegará al pueblo de donde provienen los integrantes de los distintos equipos en forma de retribución o inversión "solidaria" para mejorar la infraestructura.[73] La clave del éxito de estas prácticas solidarias con el lugar de origen estaría en su regularidad, que a la vez alimenta a la colectividad diaspórica y permite mantener el sentimiento de pertenencia con el lugar de origen.

---

[70] Canales (2006), según datos de 2002.
[71] Paz Soldan (2000).
[72] de la Torre y Alfaro (2007: 73).
[73] Cada año se realiza un torneo de fútbol de manera simultánea en el valle cochabambino y en Estados Unidos para reunir dinero que luego es invertido en obras en distintos pueblos del valle. El "éxito [del campeonato] consiste en la asignación rotativa de las ganancias entre las poblaciones participantes. Esta práctica, claramente relacionada con la tradición andina del trabajo rotativo o *ayni*, ha permitido la construcción de escuelas completas, templos, plazas, caminos, empedrado de calles, puentes, canchas y otras obras en casi todas las comunidades visitadas". (de la Torre, 2006: 86).

Pero las remesas tienen también carácter social cuando los trabajadores emigrados retornan y aplican sus nuevos modos de hacer y valorar, es decir sus nuevos conocimientos, en el lugar de origen –migrantes que mencionan prácticas de construcción y de cultivo y riego aprendidas en Argentina, otros que valoran los procedimientos empresariales y ejecutivos aprendidos en Estados Unidos–. Es decir, las remesas no son sólo dinero, sino inversiones que se hacen a partir de lo aprendido y visto en el exterior pero con una impronta local.

A inicios de este siglo la emigración boliviana hacia España se convirtió en un fenómeno de grandes dimensiones e intensidad: de 6.600 bolivianos residentes en ese país en 2001 se pasó a 241.000 en 2008. Hoy España alberga al segundo contingente boliviano transnacional, después de Argentina, cuyo rasgo clave es que se conformó en menos de una década, un período muy corto de tiempo.[74] Los migrantes priorizaron este destino impulsados por el aumento de la demanda de mano de obra en el sector "Servicios de cuidados personales y atención a niños y ancianos" y "Construcción", lo que se dio de manera paralela a la crisis socioeconómica y política que vivió Argentina a fines de 2001 –que la volvió poco atractiva– y la política fuertemente restrictiva de entrada a los migrantes en Estados Unidos a partir del atentado a las Torres Gemelas en 2001. A diferencia de lo que ocurre con los estudios sobre los migrantes bolivianos en Argentina y Brasil, varios investigadores bolivianos se han interesado en la emigración hacia España, especialmente en el tema de la feminización.[75]

---

[74] Estos son datos ajustados del Instituto Nacional de Estadísticas (INE) de España, en Hinojosa (2009). La Asociación de Cooperación Bolivia España (ACOBE) estimaba la presencia de unos 350.000 bolivianos en ese país en 2007. Sin embargo, datos oficiales de 2013 (INE España) muestran una disminución de migrantes bolivianos, que ese año llegaban a 164.360. Esta información apoya la observación de que muchos migrantes dejaron ese país a raíz de la crisis que atraviesa los últimos años.

[75] Hinojosa (2009), Guaygua *et al.* (2010), Román (2009), Tapia (2010), Pérez (2010).

Por ejemplo, se ha estudiado el impacto de la emigración femenina en la estructura familiar y de las remesas recibidas en las familias de las ciudades de La Paz, El Alto y Cochabamba. La dinámica de las familias que quedan en Bolivia se modifica sustancialmente cuando es la madre quien emigra dejando a los hijos en general al cuidado de abuelas y tías. Incluso el proceso de decidir la emigración de la mujer, cuando se trata de una estrategia familiar y no individual, no está exento de tensiones por los cambios familiares que implica. Durante todo el proceso de decisión e instalación en el nuevo destino cumplen un rol clave nuevamente las redes de parentesco y sociales. En todo el proceso interviene la "familia transnacional": participa desde el familiar que está en España, y que incentiva la emigración de un miembro de la familia en Bolivia, hasta el núcleo que quedó en Bolivia que, además, suele solicitar ayuda económica para el viaje a parientes más lejanos. Asimismo, las redes se amplían a vecinos y amigos, no sólo a familiares cercanos, adquiriendo centralidad cuando el migrante se encuentra ya en España.[76] Las mujeres que se quedan en Bolivia al cuidado de los hijos de aquéllas que parten cumplen un rol central dentro de estas redes, pues incentivan la emigración de otras mujeres.[77] Una consecuencia de este proceso es que las mujeres comienzan a tener mayor capacidad de decisión económica y mayor poder de negociación intra-familiar en el contexto de las familias transnacionales, lo que podría contribuir a modificar las relaciones de género; esto sucedería incluso cuando es el hombre el que emigra y deja a cargo de todas las responsabilidades a la mujer, que empieza a tener más autonomía y mayor autoestima al tomar decisiones sobre sus tiempos y su familia

---

[76] Guaygua *et al.* (2010), Cavalcanti y Parella (2010), Román (2009), Tapia (2010).

[77] "[...] ellas son las que 'llevan' a una red preexistente, conformada exclusivamente por mujeres: madres, hijas, hermanas, tías, sobrinas, cuñadas, amigas, vecinas. El énfasis puesto en las mayores posibilidades laborales para las mujeres contribuyó a enmascarar una serie de elementos simbólicos y de relaciones de género que han incidido en la feminización del movimiento migratorio internacional hacia España en el transcurso de los últimos años". (Guaygua *et al.*, 2010: 71).

más libremente. Y si bien los efectos económicos de la migración transnacional en familias en las que emigra la madre son positivos en términos de una cierta movilidad socioeconómica, los costos afectivos y emocionales son sumamente altos.[78]

En el mantenimiento de los lazos afectivos a distancia cumplen un rol central las TIC: celulares, *chat*, telefonía fija, uso de *Skype*, redes sociales, permiten mantener comunicación frecuente y algo de "vida cotidiana" a distancia, como sucede, por ejemplo, con las madres emigradas que hacen un "seguimiento" de actividades escolares de sus hijos en Bolivia.[79]

También en España la participación en Fraternidades de danzas típicas, el encuentro en restaurantes de comida boliviana que se concentran en zonas específicas de las principales ciudades elegidas por los migrantes (Madrid, Barcelona, Valencia), la formación de bandas de música folklórica, los campeonatos de fútbol, entre otras, son prácticas culturales que se recrean y sostienen la pertenencia a la colectividad en la diáspora, tal como sucede en Argentina, Brasil, Estados Unidos y otros países (como Italia y Suecia, por ejemplo) donde el tema ha sido menos estudiado, pero gracias a Internet es posible conocer su existencia.

En síntesis, las investigaciones sobre los bolivianos en los países donde mayor presencia tiene la colectividad tienen líneas comunes y, según el país, destacan temas específicos. Temas comunes son la producción y resignificación de prácticas culturales que mantienen un sentimiento de pertenencia a la colectividad así como la importancia de las redes de migrantes. Argentina y Brasil comparten además los temas del empleo en talleres textiles y los estudios sobre migración transfronteriza. Argentina sin dudas es el país donde mayor cantidad de estudios se ha producido sobre estos migrantes, probablemente debido tanto a la antigüedad, el número y la continuidad del flujo de migración boliviana como a su mayor visibilidad

---

[78] Cavalcanti y Parella (2010).
[79] Hinojosa (2009), Guaygua *et al.* (2010), Román (2009).

como colectividad a partir de los años 90. En España, varios investigadores han trabajado la feminización de la migración. Por otra parte, en todos estos países se encuentra información estadística que suele no reflejar del todo fielmente la cantidad de migrantes bolivianos, tanto porque muchos de ellos tienen una situación irregular de documentación como porque, dependiendo del país, la información sobre los migrantes no se registra con frecuencia. Asimismo, muchas veces los descendientes de estos migrantes suelen ser considerados bolivianos aunque tengan ya la nacionalidad del país al que llegaron sus padres y abuelos. Esto sucede particularmente en Argentina y por ello comparto la idea que plantean algunos autores de que la cantidad percibida de migrantes es mucho mayor que la cantidad real. Esa "inflación" numérica tiene diversos usos políticos: por un lado, fue usada para identificar a los migrantes como "chivos expiatorios"; pero por otro, sirve a los fines políticos y de reconocimiento de la propia colectividad, que puede apelar al número para fundamentar reclamos hacia el Estado Plurinacional de Bolivia, como el del voto en el exterior, así como para defender su acceso a derechos como colectividad ante el Estado argentino.

¿Diáspora boliviana?

¿Por qué hablar de diáspora boliviana y no simplemente de migrantes? La extensa bibliografía consultada en los diversos países muestra que el sentido de comunidad de los bolivianos emigrados es sumamente fuerte. En todas partes reproducen y resignifican sus fiestas cívicas y patronales, momentos en los cuales la colectividad se reivindica como boliviana al tiempo que expresa su religiosidad. Por otro lado, las redes de familiares, amigos, vecinos y conocidos cumplen un rol clave tanto en el proceso que lleva a tomar la decisión de emigrar como en la llegada a la sociedad de destino, sobre todo en la búsqueda de trabajo. Además, se organizan y crean asociaciones de distinto tipo (de ayuda, culturales, cooperativas, barriales) en los lugares donde residen.

Así, los migrantes bolivianos mantienen lazos fuertes con su país de origen y al mismo tiempo intentan posicionarse en las sociedades de destino reivindicando el reconocimiento de sus identidades, lo que expresa un nivel de conciencia como colectividad nacional en el exterior que se manifiesta en las prácticas culturales y en sus organizaciones. Ello fundamenta una lectura desde el concepto de diáspora.

De la Torre plantea que en Bolivia existe una cultura migrante muy arraigada y ordenada, que tiene siglos y se vincula con las culturas andinas ancestrales, anteriores incluso a la cultura aymara y al incario. Los viajeros tenían la misión de llevar alimentos producidos en los valles y las zonas subtropicales a las comunidades que vivían en altura, pues las culturas andinas se reproducían –y continúan haciéndolo– en distintos pisos ecológicos. En la población de los valles de Cochabamba, que él estudia, los campesinos habrían consolidado esta característica migrante durante los períodos colonial y republicano, siempre en busca de mejores mercados para sus productos. De acuerdo con sus conclusiones, "esas lógicas de viaje, adaptación, resistencia y retorno continúan vigentes", sólo que los pisos ecológicos se han vuelto transnacionales.[80] Los modos de retorno hoy son diversos; uno de ellos es la inversión en el lugar de origen como un modo de "permanecer en ausencia".

Cortés comparte esta idea. Sobre los emigrados de los valles interandinos de Cochabamba hacia Argentina, sostiene:

"La ausencia no significa necesariamente no estar presente. [...] Los migrantes mantienen lazos no sólo virtuales y simbólicos (memoria, noticias) sino también físicos (retornos puntuales al pueblo), económicos (inversiones), culturales (participación en los asuntos comunitarios). Por otra parte, esta 'falsa ausencia' no se concibe sin la presencia de los otros miembros de la

---

[80] de la Torre (2006: 76).

comunidad de origen. Generalmente, las mujeres, los ancianos y los niños, a pesar de que hayan podido migrar también en algún período, se quedan en los pueblos de salida, recordando a los ausentes, esperando noticias, dinero o el retorno de los migrantes".[81]

La continuidad de la ruralidad en buena medida se alimenta de la emigración; por ello la autora habla de una "ruralidad de la ausencia".

Las remesas que envían los migrantes tienen un impacto en términos de desarrollo de los lugares de origen pues generan nuevos puestos de trabajo en la construcción, en el cuidado de las nuevas viviendas no habitadas por sus propietarios, en la producción de durazno en Cochabamba.[82] Los trabajadores que cumplen estas tareas son muchas veces migrantes internos que escapan de situaciones de indigencia y que trabajan, en general, en condiciones de explotación, pero que probablemente consideren esa situación como un paso hacia mejores condiciones de vida,[83] al igual que los migrantes bolivianos en

---

81 Cortés (2004: 169).

82 En 2005 el Fondo Multilateral de Inversiones del Banco Iberoamericano de Desarrollo (FOMIN-BID) estimaba que el 55% de las remesas familiares se destinaba a inversión en educación, compra de tierras y construcción de viviendas y negocios o emprendimientos productivos y que el 11% de la población adulta recibía un total de US$ 860 millones (de la Torre, 2006: 79). Esta cifra desciende cuando la contabiliza el Banco Central de Bolivia, ya que la mayor parte de las remesas llega a través de mecanismos informales. Según Roncken y Forsberg (2007: 21), entre 2001 y 2005 "el nivel de crecimiento [de las remesas] ha sido el más alto de América Latina (734,9%, Phillips 2006: 23). [...] Para el 2006, el estimado del BID llegó a US$ 1.030 millones". En 2008, las remesas fueron 1.144 millones; en 2009, 1.061 millones y en 2012 1.064 millones (SICREMI, 2011: 21); en 2013 fueron 1.182 y en 2014 1.164, según una reelaboración de datos del Banco Central de Bolivia (en: http://goo.gl/2JW0TR). En 2005 las remesas representaban el 8,8% del PIB en Bolivia (CEPAL, 2006) y en 2009, el 6,1% (SICREMI, 2011: 21).

83 "La gente de Arbieto ha estado invirtiendo mucho en levantar grandes edificaciones. A Don Leónidas le gusta pensar que esas casas no pueden encontrarse ni en Tarata. '¿De dónde viene la gente que contratamos?', se preguntaba, al ver a su pueblo tan vacío. La respuesta estaba en el centro de la plaza. Bajo el techo del pequeño kiosko ornamental, dormían muy juntos, tratando de evitar el frío, unos ocho hombres jóvenes. Al clarear la mañana despertarían para situarse en una de las veredas de la plaza esperando que alguien apareciera para contratar-

los talleres textiles de Buenos Aires o São Paulo, o en las quintas hortícolas en la Argentina, donde la familia trabaja durante jornadas excesivamente largas y en condiciones laborales muy precarias. Es decir, se produce una "cadena" de distintos tipos de migración: mientras que unos bolivianos trabajan en condiciones de explotación para otros bolivianos en otros países, esos trabajadores emigrados contratan, en condiciones de explotación, a otros migrantes internos para que cuiden sus terrenos o construyan sus casas mientras ellos trabajan en el exterior. Pero de este proceso se hace una lectura positiva: sólo se trataría de aceptar malas condiciones de trabajo porque eso les permitiría luego pasar a ocupar mejores posiciones. La expectativa del migrante es alcanzar una mejor situación y calidad de vida para sí y para su familia, en principio siempre pensando en retornar. Cuando comienza a mejorar su situación en el exterior y a generarse un proceso de movilidad ascendente, los migrantes empiezan a invertir en sus pueblos con la idea de retornar –si no definitivamente, al menos durante períodos cortos– y de expresar su solidaridad y compromiso con la comunidad de origen. El concepto de diáspora permite comprender los múltiples significados y formas del retorno a, y los vínculos con, la comunidad, las acciones de las redes de migrantes y sus prácticas económicas, sociales y culturales en las sociedades de destino, el deseo de mantener el arraigo a la distancia. En fin, permite acercarnos a la subjetividad y a los sentidos de la vida cotidiana de los migrantes en relación con sus lugares de origen y el deseo de volver –al menos como horizonte utópico–, con la colectividad emigrada y con los lugares de residencia o destino.

---

los, aunque sea por un jornal de trabajo. Don Leónidas miró a esos desconocidos y sorprendido por la pena dijo: 'Caramba, nosotros también habíamos tenido nuestros latinos'". (de la Torre, 2006: 92).

2

El deseo de ser reconocido aquí y allá como colectividad

Analizo aquí la página web http://www.comunidadboli-viana.com.ar, creada en 2001 y una de las más antiguas referida a la colectividad boliviana en Argentina. Su nombre, los subtítulos que lo acompañan ("Bolivia en la Argentina" y "Bienvenidos al Portal de la Comunidad Boliviana en la Argentina") y el mensaje inicial ("Los bolivianos en Argentina luchamos por nuestros derechos y por ser escuchados") indican una expectativa de que el portal sea un espacio propio de *la comunidad* boliviana. La expresión de bienvenida habilita el ingreso a un "territorio virtual" de la colectividad boliviana *en* Argentina –como un letrero en una ruta que delimita y nombra un espacio– y el mensaje inicial muestra una posición política que reivindica los derechos de los bolivianos como residentes en Argentina, es decir, una posición política que se asume desde una identificación nacional.

Creada por un dirigente de la colectividad –aunque no asociada directamente a una organización–, el objetivo de la página es difundir información de interés para los migrantes bolivianos y viabilizar el contacto entre ellos. Dicho objetivo es explicitado en un mensaje dirigido a diversas organizaciones de la colectividad, que son llamadas a participar en la página y en el que se relata una breve historia sobre cómo se fue organizando la colectividad boliviana en Argentina, se hace un listado de algunas asociaciones reconocidas de la colectividad y se apela a sus dirigentes a participar –difundiendo sus actividades y propuestas– para lograr la unidad de los bolivianos residentes en Argentina, aunque sólo sea virtualmente, que sería el objetivo de la página web.[1]

La página tiene información diversa: desde notas y artículos sobre experiencias de bolivianos en Argentina hasta información sobre la cotización de la moneda, asociaciones de bolivianos, servicios que puedan requerir los usuarios (trámites de radicación, referencias de abogados y contadores) y enlaces con periódicos de Bolivia y Argentina.[2] Entre los contenidos más importantes se encuentran artículos sobre: la coyuntura política boliviana, temas de interés específico para la colectividad boliviana en Argentina (como experiencias de discriminación, violencia y explotación laboral), el tema migratorio en general y los migrantes bolivianos en particular. También se encontraron comunicados y artículos sobre la lucha por el voto en el exterior y sobre cultura, costumbres y tradiciones consideradas propiamente bolivianas. Además, la página ofrece variados enlaces con organismos públicos (ministerios, embajadas) y privados (bancos, empresas, agencias de noticias y medios de comunicación) en Bolivia, páginas web personales, publicitarias y de asociaciones de migrantes bolivianos en otros países.

No existen espacios interactivos, sólo una dirección de correo electrónico para contactarse con los administradores de la página. El foro de intercambio que existió en sus comienzos fue cerrado porque con frecuencia se recibían mensajes discriminatorios e insultantes hacia la colectividad.

En la página de inicio[3] se ve un collage en el que sobresale el Obelisco –símbolo de la ciudad de Buenos Aires– sobre una imagen urbana que sólo en parte podría referirse al centro porteño, ya que hay grandes avenidas y alto tráfico vehicular, pero no hay edificios, sino árboles y casas bajas –como si el Obelisco estuviera en el centro de una ciudad mediana–. En

---

[1]   Ver en: http://goo.gl/Y0nMh0.
[2]   La página de inicio fue consultada el 12 de agosto de 2011.
[3]   En: http://goo.gl/jj1cI8.

el cielo predomina por su tamaño el rostro de una mujer sonriente ataviada con sombrero típico de bailarina de caporales, que la identifica con Bolivia. Los migrantes pueden dejar físicamente Bolivia, pero Bolivia sigue presente como horizonte, como imagen abarcadora, como cultura, como identidad, como esperanza.

Problemas asociados a la identidad como bolivianos en Argentina

Ahora bien, ¿qué situaciones enfrentan los bolivianos en Argentina por ser bolivianos? ¿Cómo experimentan su "bolivianidad" en relación con la sociedad de destino y cómo las experiencias vividas en este sentido afectan las imágenes y representaciones sobre sí mismos y sus modos de vida aquí? Al respecto, predominan en el sitio web artículos que tratan situaciones de violencia, discriminación y condiciones laborales de explotación –situaciones que muchas veces se superponen– como una constante a lo largo de los años.[4] Seleccioné cuatro casos sobre estos asuntos, cuyo análisis presento a continuación.

Situaciones de discriminación y violencia

Caso 1: "¡Marcelina vive! 2011. 10 años de crimen impune. Justicia para Marcelina y su hijo". Una mujer boliviana viajaba con su hijo de 10 meses de edad en el tren hacia la estación Avellaneda, en la provincia de Buenos Aires. Al intentar acercarse a la puerta del vagón para bajar en la siguiente estación, rozó con sus bolsos a un pasajero y comenzó a ser insultada por varias personas, incluido el guarda del tren, debido a su nacionalidad. Se generó una tensa situación que terminó con un aparente accidente en el que madre e hijo murieron al caer/

---

4   He analizado artículos escritos entre 2002 y 2011.

ser empujados del tren, según el relato del guarda. El caso dejó un sentimiento de terrible impotencia, ya que sólo una persona apareció como testigo del hecho (aunque el tren estaba lleno), quien además debió soportar intentos de soborno por parte de la empresa ferroviaria para que no declarara. El hecho ocurrió en 2001 y luego de 10 años no se había determinado una pena ni siquiera para la empresa.[5] Desde Bolivia se envió a dos diputados para investigar el hecho, que regresaron al país sin haber podido avanzar en el caso. El relato tiene un fuerte tono emotivo y el detalle de la descripción coloca al lector en el lugar y el momento de los hechos. Cabe observar que las víctimas, además de ser bolivianas y de escasos recursos, eran una mujer y un niño, madre e hijo, cruzándose en este hecho varias identificaciones (ser mujer, niño, boliviano, migrante, pobre, de tez morena) que son subvaloradas y expuestas a una mayor desprotección.[6]

Caso 2: "Jóvenes de clase media salen a 'cazar' a ciudadanos bolivianos (24/09/2010)". Un joven argentino denuncia que un grupo de jóvenes de clase media –del cual forma parte– sale a robar y golpear a personas de origen boliviano. Según el relato, se trata de grupos de hasta 40 jóvenes de la Zona Oeste de Buenos Aires que los sábados, luego de ir a bailar, van hacia el barrio de Liniers, pues saben que allí hay mucha gente de origen boliviano. En general atracan a personas que van solas, a quienes golpean y luego roban. A esto llaman "salir a trabajar". El denunciante, quien dice no participar de estas acciones, comenta que estos jóvenes saben que los bolivianos no denuncian estos hechos porque en la Comisaría suelen ser maltratados y discriminados y prefieren no sufrir una nueva humillación. Para el denunciante es aberrante que se busque personas de nacionalidad boliviana, pues eso constituye un acto de racismo –no cuestiona el robo, sino que se elija a

---

5   Según información de 2014, no se encontraron culpables por el asesinato durante el juicio penal, que además intentó frenarse varias veces; sólo se obtuvo un bajo resarcimiento económico. (En: http://goo.gl/LW3jH3).
6   Ver el caso en: http://go o.gl/BAUYNx.

personas de una nacionalidad específica y se las golpee–. El relato transmite una sensación de impotencia frente al maltrato, provenga de patotas organizadas o de la institución policial.[7]

Caso 3: "Mendoza: bolivianos denuncian a 6 policías por una agresión (17/02/2011)". El hecho sucede en la ciudad de Mendoza, donde un grupo de cinco jóvenes bolivianos que iban en el auto de uno de ellos es interceptado por la Policía al regresar de un campeonato de fútbol. Las versiones de la Policía y de los jóvenes difieren en cuanto a los motivos de la detención policial, pero lo interesante del caso es que la Policía no niega la golpiza que dio a los jóvenes e intenta justificarla diciendo que hubo una actitud "desafiante" de su parte al ser detenidos. Los muchachos no sólo fueron golpeados y amenazados, sino llevados en el patrullero policial durante varias horas sin aparente rumbo, incluso saliendo hacia sitios descampados para generar un mayor efecto de temor. Al llegar a la Comisaría, donde según la versión de los jóvenes fueron bien tratados, la Policía no sabía cómo caratular el caso, ya que no había un motivo real para que fueran detenidos durante más de 12 horas. El relato muestra la injusticia cometida pero también la posibilidad de denunciar.[8]

Caso 4: "Argentina: en Ezeiza discriminaron a una Ministra Boliviana (30/07/2007)". La Ministra de Justicia del Estado Plurinacional de Bolivia, de origen quechua y que vestía el atuendo típico de su cultura originaria, fue discriminada al llegar al aeropuerto de Ezeiza en Buenos Aires por un funcionario de Migraciones quien la apartó de la ventanilla especial para Diplomáticos por "india" y que luego, al conocer su rango, no supo cómo actuar.[9] La Ministra no hizo la denuncia, pero cuando un mes después se supo el hecho, el gobierno argentino, a través del Ministro del Interior y del Director de Migraciones, pidió disculpas y dispuso identificar y sancionar

---

7   Ver el caso en: http://goo.gl/RmaiaP.
8   Ver el caso en: http://goo.gl/7ovF8f.
9   La Ministra sostuvo que el comentario del funcionario fue: "¿cómo esta india va a ser diplomática?". (En: http://goo.gl/PsSd0x).

al funcionario en cuestión. La Ministra recibió la solidaridad de organizaciones argentinas como Red Solidaria. Por otra parte, ya en Bolivia, ella comentó a la prensa que era la segunda vez que pasaba por una situación similar, pues en el Departamento de Migraciones de Bolivia también fue discriminada cuando, para tomarse la fotografía para el pasaporte, le pidieron que deshiciera sus trenzas –peinado típico de su cultura originaria–. El relato muestra una actitud pasiva de la víctima frente a la discriminación –aún siendo una autoridad de alto rango en Bolivia–, que la discriminación hacia los pueblos originarios no es exclusiva de la Argentina y que también es posible encontrar una respuesta solidaria, incluso una disculpa, frente a hechos de este tipo.[10]

En todos estos casos la discriminación refiere a la nacionalidad en primer lugar, y a la "raza", ya que los argentinos asocian a los bolivianos con un fenotipo vinculado a personas de origen andino (tez morena, baja estatura, modo de peinarse, tipo de cabello), más que a una nacionalidad. En el Caso 1, la xenofobia se vincula con la idea –predominante en los años 1990 y durante la crisis económica de 2001 en Argentina– de que los migrantes bolivianos quitarían puestos de trabajo a los argentinos (una de las personas que atacó verbalmente a la mujer en el tren hizo referencia a este asunto, según el relato del testigo). En el Caso 2, los actos de xenofobia tendrían un marco de impunidad "asegurada", ya que los bolivianos generalmente no denuncian la discriminación, la violencia ni los robos que padecen, fundamentalmente porque en las comisarías, según se dice en la nota, también son maltratados, y ante el doble maltrato prefieren no hacer la denuncia. Se encuentran, así, no sólo frente a la injusticia por parte de población con prejuicios xenófobos y racistas, sino frente a una situación de desprotección institucional. En el Caso 3, el relato policial "justifica" la violencia hacia los jóvenes con el "argumento" de que habrían sido prepotentes o desafiantes. En el Caso 4, pertenecer a una determinada cultura (indígena originaria)

---

10   Ver el caso en: http://goo.gl/PsSd0x.

invalidaría, a los ojos de un funcionario público argentino, la posibilidad de ser una autoridad de gobierno con rango diplomático. Este es claramente un caso de racismo.

En los actos discriminatorios se rebela una situación de poder sobre otros en situación de indefensión. Surgen en estos casos, sin embargo, figuras que denuncian los hechos (el testigo del tren, el joven que denuncia a sus "amigos") o quienes piden disculpas (funcionarios del gobierno argentino, líderes de organizaciones solidarias).

Tanto en el Caso 1 como en el Caso 3, fueron los propios afectados quienes hicieron la denuncia o buscaron información (en el Caso 1, los familiares de las víctimas buscaron durante mucho tiempo información sobre lo ocurrido hasta contactar a un testigo, a pesar de los obstáculos impuestos por la empresa ferroviaria y de realizar la búsqueda sin ayuda institucional, ni siquiera del consulado boliviano, según se sostiene en el artículo). En estos casos la respuesta de la justicia fue muy lenta e insatisfactoria y quedó instalada la sensación de impunidad. Sin embargo, en la página se encuentra abundante información sobre los casos y se llama a que, juntos, argentinos y bolivianos, luchen por "un país digno y justo" y para que este tipo de hechos no se repita. La página se compromete a recordar el crimen, incluso después de 10 años, demostrando que impunidad no significa olvido. En general, salvo en el caso de la Ministra de Justicia de Bolivia, que probablemente por ser una autoridad recibió gestos de solidaridad y disculpas, queda una sensación de impotencia frente a esta clase de hechos, que al menos encuentran un espacio de denuncia y difusión en el sitio web.

Algunos asuntos puntuales que surgen del análisis: i) en los tres primeros casos se trata de varias víctimas y victimarios; no son hechos que se dan en "solitario", colocando imaginariamente la oposición "argentinos versus bolivianos"; ii) en el caso de la mujer con su bebé, la violencia se ejerce sobre dos símbolos de la reproducción social, mostrando con virulencia un rechazo a la reproducción específica de bolivianos en Argentina, al extremo de cometerse un crimen o de no impedirse un accidente; iii) se trata de personas y grupos en situaciones desiguales de poder, no sólo de diferente nacionalidad, y se ejerce la violencia sobre quienes son más vulnerables: hombres sobre mujeres, policías sobre jóvenes, patotas sobre personas. En todos los casos se actúa a sabiendas de la nacionalidad de las víctimas, lo cual da a los discriminadores y victimarios un marco de impunidad pues se ven a sí mismos como superiores: el migrante, sobre todo si es pobre y de origen indígena, sería un ser "inferior".

En la lectura de estos casos se advierte que los migrantes bolivianos son presentados en el sitio web como víctimas, visión basada en hechos reales de abuso, indefensión, violencia e injusticia muy fuertes vividas en situaciones cotidianas (tomar un tren, regresar de un encuentro deportivo, transitar por calles conocidas por los bolivianos como las del barrio de Liniers). Las fotografías que acompañan los textos del Caso 1 y del Caso 3 refuerzan esta visión de la "víctima": en el Caso 1, sobre la imagen de un tren se superpone la fotografía de Marcelina y su hijo de modo que aparecen con un halo fantasmal; en el Caso 3 se reproduce la fotografía de un joven golpeado en el rostro, aludiendo a la golpiza policial denunciada, al lado de un paisaje referido a Mendoza.

En base a estos casos, una primera conclusión es que existe un imaginario que victimiza al migrante y lo muestra como indefenso, subordinado, que no confronta (la mujer con su bebé no responde a los insultos, los bolivianos atacados en el barrio de Liniers no denuncian a quienes los golpean y les roban, la Ministra de Justicia no hace público el hecho de haber sido discriminada). Ello reforzaría el estereotipo del migrante boliviano como una persona "humilde", que elude los problemas y prefiere tener un "perfil bajo". Por supuesto estas situaciones de discriminación retroalimentan esas actitudes, pues una mujer sola con un bebé tiene probablemente miedo de ser atacada más fuertemente en un tren lleno de gente que la insulta o la ignora, donde nadie la defiende; los bolivianos que padecen robos y golpizas tienden a no denunciar porque en las comisarías se encuentran con más maltrato y xenofobia;

la Ministra de Justicia prefiere no hacer pública la actitud despreciativa del funcionario argentino probablemente para no alterar las relaciones con el gobierno argentino. Pero esta actitud de no confrontar también se fundamenta en que generalmente estos hechos no terminan en un acto de justicia, sino que suelen quedar impunes. El sitio web, así, aunque refuerza la imagen del migrante como víctima, aparece también como un lugar de denuncia y difusión de estos hechos –espacio de denuncia que sería muy pequeño en otros medios de comunicación– y pone en evidencia la fragilidad de las víctimas y el prejuicio de parte de la sociedad argentina –funcionarios públicos y sociedad en general– frente a la colectividad.

Situaciones asociadas a condiciones laborales de explotación

Los artículos sobre las experiencias en el ámbito laboral de los migrantes bolivianos hablan de sobrexplotación y de condiciones sumamente precarias que no se refieren sólo al tipo de trabajo, sino también al vínculo entre trabajo y situación de vida. En los talleres textiles se manifiestan ambas dimensiones, pues en ellos no sólo se trabaja jornadas excesivamente largas –de 14 a 16 horas–, sino que se duerme, se come y se aloja a los hijos pequeños.

Seleccioné artículos que tratan casos paradigmáticos: el incendio de un taller textil en 2006 en el que murieron seis personas (cuatro eran niños de entre 3 y 15 años), y la intervención de un taller en la provincia de Buenos Aires en 2008 donde trabajaban migrantes bolivianos en situación de encierro y sobrexplotación. Los artículos tienen lógicas diferentes. El primero, de carácter más ideológico, explica esta modalidad de trabajo a partir de una crítica al sistema capitalista: en la figura del migrante se condensa el cruce entre más oportunidades de producir valor a menor costo, falta de documentación que limita las posibilidades de denunciar los abusos, redes que conectan la mano de obra con grandes empresas de moda sin que éstas se hagan responsables de las condiciones laborales de las que sacan provecho, corrupción de funcionarios (municipales, policiales) que viabiliza la existencia de los talleres.[11] En el segundo, que tiene un tono más "objetivo", se describe el procedimiento que permitió descubrir cómo funcionaba el taller y tomar medidas jurídicas oportunas.[12] Con este mismo tono, un tercer artículo hace referencia a la situación de alta precariedad y hacinamiento en la que vivían y trabajaban migrantes bolivianos, incluidos menores de edad, en un campo de producción hortícola en la Provincia de Buenos Aires.[13]

Con excepción del caso del incendio del taller, en el que la situación laboral en la que trabajaban los costureros se conoció una vez producida la tragedia, en los otros dos la situación de precariedad y sobrexplotación laboral quedó en evidencia gracias a investigaciones que se hicieron a raíz de denuncias anónimas. Entre las condiciones en las que vivían y trabajaban los migrantes, los tres artículos destacan: situación de hacinamiento, inseguridad laboral, largas jornadas, mala alimentación, poco descanso, presencia de menores de edad, falta de higiene, bajísimos salarios a destajo. Es decir, carencia total de derechos laborales.

Todos estos aspectos de las condiciones laborales y de vida de estos trabajadores alimentan un imaginario en torno a los bolivianos como sumisos, capaces de aceptar hasta el encierro (uno de los talleres se cerraba con candado para que los trabajadores no salieran), incapaces de defender sus derechos más elementales, que resulta fácil engañarlos (se los trae prometiéndoles una buena paga que luego no se cumple). La salida de esta situación es la denuncia que hacen "otros" de manera anónima: personas no involucradas en la explotación laboral, probablemente vecinos de los talleres y fincas. Es decir, no son los propios bolivianos quienes hacen la denuncia para

---

11 Ver "Esclavos en el Siglo XXI: el capitalismo tardío en sus estertores (1/01/2008)", en: http://goo.gl/Xl3LHF.
12 Ver "Liberan a 40 trabajadores 'ESCLAVOS' de talleres en Longchamps (25/07/2008)", en: http://goo.gl/JCSzJI.
13 Ver "Más casos de trabajo esclavo: detienen al empleador de un campo de Pedro Luro (28/02/2011)", en: http://goo.gl/oHHLjC.

lograr mejores condiciones de trabajo y de vida. Ello refuerza la imagen de sumisión y "aceptación" del abuso y la sobrexplotación ya mencionada.

Uno de los artículos aparece con dos títulos, similares pero diferentes: "Liberan a 40 trabajadores 'ESCLAVOS' de talleres en Longchamps" y "Rescatan a 37 indocumentados en un taller textil clandestino de Longchamps". Ambos títulos poseen un contenido épico: "liberación de esclavos" y "rescate de indocumentados", que se atribuye a funcionarios públicos previas denuncias anónimas. Subyace la idea de que los *liberadores* y *rescatistas* son argentinos. El primer título es más sensacionalista que el segundo, pero el último refiere a la categoría de "indocumentado", es decir a la carencia de estatus ciudadano que facilita la sobrexplotación y limita las posibilidades de denuncia.

El artículo está acompañado de gráficos que suman información. Uno de ellos reproduce un esqueleto humano vestido de negro. Al costado de cada prenda puede verse el precio que se pagaba en 2008 al costurero por prenda acabada –irrisorio, si se lo compara con el precio final de venta al público–.[14] El gráfico está encabezado por la frase: "LIQUIDACIÓN de trabajo esclavo en la industria textil". También se reproduce un mapa de Argentina y parte de Bolivia con datos sobre el tema para el año 2007. Según se cita, la agencia de noticias Télam estimaba en 130.000 los bolivianos víctimas de la trata de personas y en 5.000 los talleres textiles en la ciudad de Buenos Aires (mientras que sólo 2.000 talleres estaban registrados). Una línea une la ciudad de La Paz con Buenos Aires, marcando el trayecto que recorren los bolivianos para trabajar en los talleres textiles. Además puede observarse la fotografía de una manifestación encabezada por una gran bandera boliviana y un cartel que dice "Los fabricantes son explotadores", mostrando que

---

14 Por ejemplo, la confección de una campera se pagaba $ 1,50 al costurero y en los locales comerciales se vendía a $ 300. Ver el artículo "Esclavos en el siglo XXI...", en: http://goo.gl/Xl3LHF.

también hay bolivianos que reclaman condiciones laborales más justas y acusan directamente a los fabricantes textiles de las condiciones de explotación en las que trabajan.

En el artículo "Esclavos en el siglo XXI..." ya mencionado llama la atención la fotografía que acompaña el título: la figura de Jesús cargando la cruz. Con ella se equipara la idea de esclavo –que en el artículo se refiere especialmente a los migrantes bolivianos que trabajan en los talleres textiles en Argentina– a la del sacrificio de Jesús. Esta equivalencia tiene un impacto emotivo para una colectividad con un fuerte sentimiento cristiano.

Expresiones y símbolos de la "cultura boliviana"

Es posible clasificar los artículos sobre la "cultura boliviana" en el sitio web en cuatro grandes temas: i) la "cultura general *en* Bolivia", sobre fiestas y ceremonias en el mundo andino (año nuevo aymara, fiesta de Todos Santos, Carnaval de Oruro, Señor del Gran Poder, fiesta de la Virgen de Urkupiña, feria de Alasitas) y homenajes a ciudades andinas, ii) la "cultura boliviana *en* Argentina", iii) los "personajes de la cultura o artistas destacados", iv) las "disputas culturales", centrados en la defensa de algunas danzas como originalmente bolivianas.

Las representaciones del mundo andino asociadas a la "comunidad boliviana" predominan en el sitio web, equiparando lo andino a lo nacional; casi no existen representaciones o artículos sobre culturas de los pueblos del oriente boliviano. Así, en el sitio web el imaginario nacional es andino-céntrico.

En los artículos que tratan "disputas culturales" se hace una defensa cerrada de las danzas consideradas bolivianas, como el *caporal*, la *diablada*, la *morenada* y el *tinku*, todas ellas andinas. En su defensa, se las nacionaliza frente a las aspiraciones de parte de peruanos y chilenos de "apropiarse" su origen, y así se transforman en símbolos nacionales que marcan fronteras: no sólo representan una cultura, sino que se erigen como límites que demarcan una nación. Al defender la "nacionalidad boliviana" de estas danzas, los migrantes reivindican una territorialidad desde el exterior, al tiempo que unen esfuerzos con asociaciones y Fraternidades dentro de Bolivia. Se trata de una ocasión en la que se establecen puentes entre quienes permanecen en el país y los emigrados, en la que se logra consenso sobre qué forma parte de la cultura boliviana, qué elementos, actividades y símbolos representan la "bolivianidad". Para los migrantes esto es clave porque precisamente con la danza y la música interpelan desde su bolivianidad a los otros en las sociedades de destino desde una posición que los enorgullece y afirma una alta autoestima.

En el artículo "Tinkus y morenada son peruanos, los bolivianos tienen la virtud de difundirlos bien (2/06/2005)", un migrante boliviano radicado en Europa reproduce la denuncia que hicieron dos compatriotas en Bérgamo (Italia) de un sitio web producido por peruanos donde se sostiene que los bolivianos bailan bien y saben difundir danzas que originariamente eran peruanas (caporales, tinkus, morenada, tobas, waca, llamerada), porque el territorio actual de Bolivia en la época colonial era el Alto Perú.[15] En defensa del origen boliviano de estas danzas, los denunciantes apelan al reconocimiento que hizo UNESCO de las mismas como "Patrimonio Oral e Intangible de la Humanidad" en 2001 y sostienen que el intento de parte de peruanos de "apropiarse" cultural y nacionalmente de ellas sería una "falta total de respeto a Bolivia" y sobre todo una "falsedad". Y continúan argumentando: "Los bailes y tradiciones que representan una nación son aquellas que tienen raíces en sus propias tierras", sin importar el nombre que el territorio haya tenido en otras épocas. Las personas de otras nacionalidades que quieran bailarlas deben "respetar el 'origen boliviano', porque es el patrimonio cultural de una Nación para el Mundo".[16]

---

[15] Ver en: http://goo.gl/Qedqpg.
[16] *Ibíd.*

En "Bolivia mostrará al mundo el origen de los caporales (14/07/2010)" se anuncia una movilización mundial, con fecha y hora establecidas, en la que bailarines de esta danza residentes en diversas ciudades del mundo y en Bolivia bailarán durante media hora para "demostrar al mundo que el baile del caporal o la saya es 100% boliviano".[17] La movilización se haría en New York, Virginia, Washington, Los Ángeles, Chicago, Colorado, Toronto, Tokio, Essen, Lausanne, Bruselas, Madrid, Barcelona, San Pablo, Curitiba, Buenos Aires, Mendoza, Estocolmo, México D.F., Quito, Viena, Bérgamo, Guinea Ecuatorial, y en La Paz, Cochabamba, Tarija y Oruro, en Bolivia. En el artículo se hace una historia de la danza, enfatizando su origen boliviano, particularmente paceño-yungueño, y se critica la falta de políticas culturales desde el Estado que protejan y preserven el "patrimonio cultural boliviano". En todo caso lo que resulta más importante es la movilización global para defender un símbolo de la "cultura boliviana". La diáspora se une en este tipo de eventos y articula su acción con quienes residen en el país de origen. Esto es posible gracias a las TIC y los usos que hacen los migrantes de ellas.

Acompañando el texto, destaca la fotografía de un afiche colocado en una cartelera de información de la ciudad de Chicago. El afiche aparece "firmado" por www.comunidadboliviana.com.ar, dando una idea de la capacidad de comunicación y acción global de los migrantes en la diáspora, sobre todo cuando hay un tema movilizador, en este caso relacionado con la defensa de la identidad como bolivianos. (Ver en: http://goo.gl/bt52S7.)

Bajo el título "¡¡¡Basta de robo y saqueo!!! Respeten nuestra cultura", firmado por "Comunidad Boliviana en el Mundo" (se desconoce si se trata de una asociación o sólo de la firma de un autor individual que asume esa representación), se llama a firmar un petitorio dirigido a la organización de Miss Universo para que no acepte que la representante del Perú se presente a la ceremonia de trajes tradicionales con el de la "Diablada", de

---

[17] Ver en: http://goo.gl/bt52S7.

modo que esta danza no quede asociada a la cultura peruana.[18] En el texto se sostiene que aunque existen diversas "Diabladas", que también se bailan en Perú y Chile, "hoy en día en estos países se copian rasgos inequívocos de la diablada orureña", que tiene ritmos, coreografías y trajes muy particulares, de los cuales esos países pretenden "apropiarse". Y al igual que en la fotografía anterior, una fotografía de una fraternidad de "Diablos" aparece con un mensaje sobrepuesto en el que se lee: "La diablada 100% boliviana". La nota comienza diciendo: "Nos hemos visto con la urgencia de reclamar que nuestro legado sea respetado". El tono de los artículos es de indignación, aunque se usa un lenguaje respetuoso y se presentan argumentos.

Los artículos muestran tanto la importancia que tienen las danzas como expresión de una "cultura nacional" para los emigrados, como la disposición a defenderlas porque se pone en juego lo nacional; los migrantes están dispuestos a movilizarse por ello y organizarse en redes para expresar su protesta. Y es que estas danzas tienen varios sentidos para los migrantes, pues les permiten: comunicarse, identificarse y reconstruir un ámbito de pertenencia entre bolivianos fuera de Bolivia; mostrar a las sociedades de destino la riqueza cultural de su país; elevar su autoestima frente a los estigmas y apropiarse festivamente de espacios públicos en las ciudades de llegada, generando espacios y situaciones en los que son vistos por los "otros" –los locales de esas ciudades– y por la propia colectividad emigrada como miembros y gestores de una cultura propia (boliviana, nacional) a la que defender por su riqueza expresiva; les permite también mostrar ante los bolivianos en Bolivia que siguen perteneciendo a su país de origen.

---

[18] Ver en: http://goo.gl/ZuffuB.

Reflexiones sobre la experiencia del sitio web: proyectos y logros

Dos textos hacen una reflexión y evaluación del impacto del sitio web como instrumento de difusión de problemas que aquejan a los migrantes bolivianos en Argentina y como espacio de contacto y encuentro entre la colectividad dispersa.

En "2006, un año de plenas realizaciones para el portal (17/09/2006)" se hace una reseña de la historia del sitio a 4 años de su creación.[19] Allí se dice que si bien en un principio se lo pensó como expresión de la asociación "Colectividad boliviana 'Virgen de Copacabana' de Morón", enseguida se amplió la propuesta a la colectividad boliviana en Argentina en general y se lo desvinculó de la Asociación. Desde entonces "quedó grabado en la historia de la comunidad [boliviana] en Argentina como el primer Portal que muestra la cara de toda una comunidad vigente que desde hace décadas emigró y le tocó vivir esas situaciones." Allí se dice que fueron "dos locos" los que, con gran dedicación, fueron armando y actualizando el sitio cotidianamente, aunque sin "la calidad de diseño ni la tecnología" de otros sitios web.

El sitio "se creó en el contexto de la crisis del año 2002 en Argentina", sobre la cual hay una mirada crítica. La crisis sería la evidencia de la "[...] mentira [de vivir] en un mundo supuestamente de primer nivel" y el resultado de un consumo desmedido de la clase alta argentina frente a la situación de empobrecimiento de la población. Se critica los actos de saqueo y vandalismo que ocurrieron en esa época y, distanciándose de ellos, se subraya que los migrantes bolivianos son trabajadores en busca de una vida digna, que llevan con ellos un bagaje cultural y tradiciones. Pero también se recuerda con pesar la imagen de personas empobrecidas buscando comida

---

[19] Ver en: http://goo.gl/7wQADs.

entre la basura de los restaurantes donde concurría la gente adinerada. La mirada sobre la crisis coloca el énfasis en las distancias sociales y la inequidad.

Se sostiene en el mismo texto que el espacio surge como instrumento de difusión y como escenario público de denuncia y expresión de la discriminación que sufren los bolivianos en Argentina y que se intenta canalizar sus inquietudes, ser un "medio de protesta" frente a la injusticia de la xenofobia y un "lugar" desde donde pelear por ser reconocidos como "seres humanos". Se reivindica la dignidad humana que la xenofobia limita: más allá de cualquier nacionalidad, en primer lugar se es humano.

Según se explica, el sitio web es parte de la "red de redes" hacia el mundo, uno de los primeros portales de la comunidad boliviana en el exterior y el "mayor referente de la Comunidad Boliviana en el mundo", ubicación que habría alcanzado por haber superado a fines de 2006 el millón de visitas.[20] Asimismo, el portal sería un vehículo para reunir a compatriotas dispersos (a través de su espacio "gente que busca gente") y un espacio de reivindicación de la lucha de los bolivianos por el voto en el exterior (se destaca la realización de una "elección simbólica" y de una huelga de hambre en 2005 para reclamar el derecho de voto que implicaría un reconocimiento como ciudadanos bolivianos fuera del país).

En "2010, año de mucho trabajo y seguimos en la lucha (02/01/2011)", se plantean las dificultades con respecto al trabajo "en solitario" del sitio web, reivindicando un espíritu de profesionalismo cuando se sugiere que se busca informar con objetividad y comunicar las noticias, eventos y situaciones más importantes para la colectividad boliviana en Argentina.[21] Entre las noticias y problemas destacados en el sitio web desde la anterior evaluación en 2006, figuran: los nuevos requeri-

---

[20] Es preciso ser cuidadoso con los datos sobre la cantidad de visitas a un sitio web, ya que, por ejemplo, una misma persona puede ingresar reiteradas veces en un mismo día.

[21] Ver en: http://goo.gl/f4qhSD.

mientos para el ejercicio profesional de migrantes bolivianos en Argentina, un accidente laboral en el sur de Argentina en el que murieron varios migrantes bolivianos, la finalización del plan "Patria Grande" de documentación de migrantes, hechos de xenofobia contra migrantes en Europa y Estados Unidos, el logro del voto en el exterior –con una mirada muy crítica sobre el proceso y una visión pesimista en cuanto a los resultados[22]–, los conflictos separatistas en Bolivia en 2008, el Bicentenario de Argentina, la muerte de un "maestro de migrantes" –en referencia a un migrante boliviano en Estados Unidos que fue un destacado e innovador profesor de matemáticas en ese país–, la historia del trabajador boliviano que integraba el grupo de 33 mineros que sobrevivieron a un accidente en una mina del norte de Chile en 2010, el asesinato de un periodista boliviano de "Mundo Villa" –red periodística del barrio de emergencia Nro. 31 en Retiro de la ciudad de Buenos Aires–, el pesar por la muerte del ex Presidente argentino Néstor Kirchner,[23] la ocupación del Parque Indoamericano en la ciudad de Buenos Aires en diciembre de 2010 por numerosos migrantes de distintos orígenes, entre ellos bolivianos, y las declaraciones xenófobas que esta situación reavivó por parte de los más altos funcionarios del gobierno de la ciudad.

Se reitera que el sitio web fue "una de las primeras web que salieron al interior de la Comunidad Boliviana en el mundo", con el fin de "responder a nuestra comunidad en su conjunto, sin arrimos políticos de ninguna índole", que se hace con "sacrificio" pero con el "corazón" y abiertos a recibir

---

[22] "Año 2010, ya pasadas las elecciones en nuestro país Bolivia, acá al interior de los Bolivianos no ha cambiado en nada la política del gobierno para con los inmigrantes, seguimos padeciendo los mismos problemas que teníamos antes del voto, pese al compromiso personal del actual Presidente de Bolivia Evo Morales. Seguimos padeciendo el problema de los esclavizadores de los textileros, con serios problemas con gente de nuestra comunidad". (En: http://goo.gl/f4qhSD).

[23] Expresado con palabras muy emotivas: "Para los Bolivianos radicados en Argentina, Néstor fue y será nuestro Presidente, el más profundo dolor y pésame a todo el Pueblo Argentino... Vida y obra, creo que no es menester decir más sobre esta irreparable pérdida para Latinoamérica, Néstor vives en los corazones nuestros!!". (*Ibíd.*)

comentarios y "críticas constructivas". Se expresa el orgullo por haber recibido desde su creación más de cuatro millones de visitas y haber podido actualizar desde entonces 1.050 veces la página de inicio, como demostración de que el trabajo realizado en el portal tiene un impacto importante. Y si bien se insiste en que éste no tiene un interés político y trata de ser lo más objetivo posible, su análisis demuestra que no sólo toma posición política en la selección de artículos y noticias, sino también cuando llama a la participación, convoca a las organizaciones de migrantes o establece puentes con organizaciones de migrantes en otros países.

Aspectos institucionales y lecturas sobre el lugar de origen como manifestaciones de una conciencia de diáspora en el portal

El nivel institucional

En la discusión sobre el concepto de diáspora, un factor clave es la "conciencia" que la colectividad tiene sobre sí misma como diáspora, lo que en buena medida se expresa en su institucionalidad y su capacidad organizativa en torno a la identidad, sus derechos y su reconocimiento como tal. En este sentido, interesó analizar en el sitio web notas referidas a las organizaciones de la colectividad, al vínculo con instituciones del país de origen como Consulados, a la relación con asociaciones de migrantes en otros países.

Se encontraron varios artículos sobre las organizaciones de la colectividad boliviana en Buenos Aires, su historia y objetivos. Un rasgo común es que pretenderían lograr la participación de la colectividad, unir a la misma, mantener "viva" la identidad boliviana y representar a los bolivianos residentes en barrios específicos (Charrúa, Morón, Escobar). También se hallaron artículos sobre situaciones conflictivas en algunos Consulados de Bolivia, en los que se cuestiona la representatividad de algunas asociaciones de migrantes, y otros referidos a eventos políticos puntuales ocurridos en Bolivia que "exigieron" un pronunciamiento de la colectividad emigrada, lo que produjo tensiones al interior de la colectividad.[24]

Otras notas describen el reconocimiento de la colectividad en Buenos Aires. Este es el caso del artículo "Homenaje a Bolivia. Colectividad Boliviana 'Virgen de Copacabana' de Morón – 2011 (8/08/2011)", en el que se relata el homenaje que la colectividad boliviana reunida en la Asociación "Virgen de Copacabana" de la localidad de Morón, en la Provincia de Buenos Aires, hizo a Bolivia en el aniversario de su independencia.[25] Dos cuestiones que surgen de su lectura: i) la importancia que se da a la presencia de autoridades argentinas (el Intendente de Morón asiste a la ceremonia desde hace varios años), que reafirma el reconocimiento como colectividad por parte del Estado argentino (no hubo funcionarios consulares de Bolivia); ii) el texto está escrito en tono formal pero tiene un contenido emotivo que equipara religión y patria[26] y el *peregrinar* de la Virgen y la *figura del inmigrante* que, finalmente, encuentra en Argentina su "propio lugar".[27]

---

[24] Ver "Consulado y asociaciones en España en la mirada crítica de los propios bolivianos (1/09/2010)", "Yo, argentino, ratifico el mandato de Evo Morales en Bolivia (7/08/2008)" y "Marcha en Buenos Aires contra el referéndum (26/07/2004)", en: http://goo.gl/KHcxpn, http://goo.gl/1qyaaE y http://goo.gl/sfWNkn, respectivamente.

[25] Ver en: http://goo.gl/0tRLgp.

[26] La Virgen de Copacabana es la Patrona de Bolivia y el homenaje a Bolivia es también un homenaje a la Virgen y un "pedido" de bendición. Se condensa en esta ceremonia la representación simbólica de Bolivia cuando se dice: "Se procedió a llevar adelante la consabida Procesión cuando la imagen de la Virgencita [que también representa a Bolivia] sale del predio en hombros de las autoridades de la Colectividad [los bolivianos en Argentina] y acompañada del Intendente de Morón [que legitima desde el Estado argentino una 'bolivianidad' que forma parte de Argentina], momentos muy hermosos para vivirlos y muy emotivos para el recuerdo *ver a nuestra patrona salir en suelo argentino a recorrer el barrio*, acompañado de los grupos de danza de nuestra comunidad". (*Ibíd.*, las cursivas son mías.)

[27] "[...] después de mucho recorrer lugares donde pudo estar, iglesias varias [... la Virgen,] al igual que el inmigrante boliviano, hoy puede disfrutar de su propio lugar, su propia Capilla [en Argentina]". (*Ibíd.*)

En esta interpretación la *Virgen* es *Bolivia* pero también lo es el *migrante boliviano,* y tanto los migrantes como la Virgen simbolizan Bolivia y el sacrificio. De allí la emotividad de rendirle culto en una fiesta patria: culto religioso y patriótico, en el que los migrantes se apropian de las calles del barrio y que es legitimado por las autoridades argentinas (afirmando así el derecho de los residentes bolivianos a vivir y ser reconocidos en Argentina). No se precisa la presencia de autoridades bolivianas para legitimar la representatividad de la asociación o a la colectividad boliviana, pues el reconocimiento de las autoridades locales es suficiente.

Las fotografías que acompañan el texto refuerzan estos sentidos de la fiesta nacional en la diáspora. En dos de ellas, por ejemplo, se muestra la imagen de la Virgen llevada conjuntamente por el Intendente de Morón y el Presidente de la Asociación "Virgen de Copacabana", que ocupan los lugares delanteros en igualdad de posición. Ambos encabezan la procesión. Otras fotos muestran a las mismas autoridades, por separado, dando sus discursos. Es decir, se los coloca como pares, en una relación de reciprocidad. (Ver en: http://goo.gl/0tRLgp.)

La Virgen aparece con un vestido celeste con adornos y velo blancos, que aluden a los colores de la bandera argentina; adheridos a su falda, de un lado se observa el escudo argentino y del otro el boliviano, "unidos" visualmente por una imagen de la media luna creciente con una estrella en cada extremo.[28] Detrás del altar donde se encuentra la Virgen, una gran bandera boliviana se ubica como telón de fondo. A su lado, mucho más pequeñas, la bandera argentina y la *whipala.*[29] Esta imagen refuerza la interpretación de las equivalencias entre

---

[28] Este elemento religioso, muy presente en la iconografía barroca andina de los siglos XVII y XVIII, es un símbolo del principio femenino que refuerza el carácter de la Virgen como madre universal.

[29] *Whipala*: bandera que representa a la cosmogonía de los pueblos originarios de la región andina, especialmente de los aymaras. Simboliza las culturas de los cuatro Estados del Tawantinsuyo. La franja de siete cuadrados blancos que se ubica en el centro representa "las *Markas* (comarcas) y *Suyus* (regiones), es decir la colectividad y la unidad en la diversidad geográfica y étnica de los Andes". Ver en: http://goo.gl/ocn7Mq.

la Virgen y Bolivia, religión y nación, pero dándole un nuevo sentido en Argentina –el vestido es elocuente al respecto–. En la última foto, una vez concluido el acto, se ve a la Virgen con billetes argentinos adheridos a su vestido a modo de ofrenda y de cábala para que dé suerte y prosperidad a los bolivianos residentes en Argentina.

El tono emotivo del texto apela a sentimientos patrióticos pero también al orgullo que significa haberse ganado un espacio, un reconocimiento en Argentina. Orgullo de boliviano y orgullo de migrante que logró ser reconocido desde su identidad de "migrante boliviano" y tener, como la imagen de la Virgen que emigró a Morón, un lugar propio en Argentina. Muy especialmente este artículo muestra la conciencia de ser parte de una diáspora, como identidad particular reconocida y con entidad fuera del lugar de origen.

Asimismo, aunque por lo expresado en el relato la ceremonia habría sido muy formal, fue también festiva: hubo una presentación de grupos de tango y otras danzas argentinas, mientras que grupos de danzas bolivianas acompañaron la procesión, junto a carros alegóricos; también hubo puestos de comida tradicional boliviana. Así, se actualizan tradiciones y gestos que se reproducen en Bolivia y adquieren un nuevo sentido en Argentina.

Al final del texto, se explicita el objetivo de esta Asociación de la colectividad que plantea: "Unir a la Familia Boliviana residente en esta zona bajo el supremo principio de Fraternidad y Solidaridad Cristianas [nuevamente, la equivalencia entre religión y patria] y el patrocinio de la Virgen de Copacabana", y se manifiesta el agradecimiento y respeto hacia la Argentina que los recibió, apelando al derecho constitucional inscrito en el Preámbulo de su Constitución.[30]

---

[30] Se coloca el énfasis en la parte de dicho documento que sostiene el compromiso de los representantes del pueblo de la Nación Argentina, en "...promover el bienestar general y asegurar los beneficios de la libertad para nosotros, para nuestra posteridad, *y para todos los hombres del mundo que quieran habitar el suelo argentino*". (Las cursivas son mías).

Este mensaje de unidad de la colectividad se reitera también en el "Mensaje a las Entidades Bolivianas organizadas en la República Argentina".[31] Allí, se hace una somera historia de la relación entre ambos países: se recuerda que el primer Presidente de la Asamblea Constituyente de la República Argentina fue un potosino, Cornelio Saavedra; se plantea que con la guerra del Chaco entre Bolivia y Paraguay a principios de la década de 1930, la colectividad Boliviana en Argentina empezó a institucionalizarse; que luego comenzó a detectarse un sentimiento de xenofobia y discriminación hacia los bolivianos en Argentina; que en los años 50 se iniciaría una segunda etapa en la que los bolivianos intentan reorganizar la colectividad y darle mayor grado de institucionalidad. Finalmente se sostiene que la colectividad boliviana es la más importante en el país (lo que no es cierto, pues la comunidad paraguaya es mayor numéricamente) y que es la más postergada. Se propone entonces lograr consenso entre los dirigentes e instituciones de la colectividad para obtener "el reconocimiento que nos merecemos, no sólo en este país sino también en BOLIVIA". Se trataría de lograr la unidad, aunque ésta no sea más que virtual, como se indica en el texto. Por eso se hace un llamado a que los "dirigentes" (en general, como un espacio abierto a todos) usen como propio el sitio web para difundir sus propuestas y actividades. Además hay un reclamo tanto a las autoridades argentinas como a las bolivianas, pues siendo de las colectividades más numerosas de inmigrantes en Argentina, "luce como la más postergada".

Es clara la intención política de construir institucionalidad, de vincular a las distintas organizaciones de la colectividad y de actuar en conjunto como comunidad boliviana en Argentina para ser reconocidos. Se apuesta por una conciencia de comunidad migrante que quiere preservar su identidad nacional y ser reconocida como tal.

---

[31] Ver en: http://goo.gl/Y0nMh0.

Valoraciones del lugar de origen (Bolivia)

El imaginario y las valoraciones que hacen los migrantes sobre el lugar de origen es otro asunto clave al estudiar una diáspora. En el sitio web la gran mayoría de los artículos referidos a Bolivia son sobre coyuntura política; luego, en un lejano segundo lugar, están aquéllos que se refieren a la cultura y las identidades, y finalmente los referidos a la historia y la economía del país.

En general, los artículos sobre coyuntura política manifiestan visiones negativas de la situación del país. Rara vez aparece una noticia esperanzadora. Situaciones de emergencia, paros y bloqueos contra medidas económicas o políticas, la discusión sobre el derecho al mar, la incapacidad de los partidos políticos de resolver cuestiones importantes, son el tipo de asuntos que se trata. En su mayoría, se reproducen artículos de periódicos bolivianos; son muy pocos los que están escritos por migrantes.

Bolivia aparece con una imagen de carencia, de vulneración de derechos, de falta de oportunidades, de condiciones desfavorables de vida, de crisis y caos. Basta con ver la mayoría de los titulares: "Bolivia se hunde en la miseria y los bloqueos de la COB [Central Obrera Boliviana]", "La Paz se hunde", "Estado moribundo", "Miopía nacional", "Bolivia en su peor momento en los ojos del mundo", "Bolivia: por el sendero equivocado", "Bolivia: generaciones de idiotas", "Bolivia: diputados del oficialismo y de la oposición se agarraron a trompadas en plena sesión", "Bolivia: refundirla o refundarla", "La agonía nacional", "Bolivia: el estado de exclusión social", "Bolivia invertebrada", "Bolivia transita por el peligroso camino de la desintegración", "Desempleo en Bolivia".

Hay algunos titulares más "neutros" y sólo unos pocos transmiten una visión esperanzadora. Entre ellos, por ejemplo: "Chile y Bolivia inician conversaciones a 'alto nivel' por la salida al mar", "Acuerdo en Bolivia para aprobar el referendo constitucional", "Expocruz 2007 recibirá más de 500 mil visitantes", "Contagiante ritmo de morenada hizo bailar a Presidente Morales".

Una lectura detallada de algunos de estos artículos lleva a la conclusión de que todos, incluso aquéllos que colocan el tema de las identidades, de la historia o la economía de Bolivia, tienen carácter político. Algunos de los autores, así como los artículos reproducidos de periódicos bolivianos, tienen una clara orientación ideológica. El sitio web difunde los artículos pero no asume como propia la posición política que expresan, dando la apariencia de objetividad y mostrándose como un espacio neutral diverso y abierto.

En el texto "Bolivia: en crisis Evo Morales cumple 5 años en el poder (23/01/2011)",[32] firmado por la agencia de noticias argentina Infobae, se hace un balance donde no se identifica ninguna política ni resultado positivo de los por entonces cinco años de gobierno del MAS, ni en términos de avances en la legislación (recordemos que en esos años una Asamblea Constituyente aprobó una nueva Constitución), ni de beneficios para la población postergada (cuando, por ejemplo, la pobreza disminuyó entre 2005 y 2009 del 63,9% al 42,4% y la indigencia del 34,7% al 22,4%[33]), ni siquiera de logros a nivel simbólico. Sólo se enfatiza la crisis política coyuntural. En el artículo "¿Soy racista y discriminador? (23/01/2011)"[34], escrito por un migrante radicado en Europa, se manifiesta una visión caótica del país a partir de la discusión en torno a la Ley antiracismo promulgada en 2010. Según el autor, el país vive un "cambalache", donde el Estado Plurinacional es "un laboratorio de pruebas" sin resultados previsibles. La idea general en el artículo es que está bien pelear contra la discriminación y el racismo en un país donde existe mucha "susceptibilidad" y "resentimiento", pero ello no puede coartar la libertad de

---

32 Ver en: http://goo.gl/D0ncFl.
33 CEPAL (2013: 13).
34 Ver en: http://goo.gl/0LYkBf.

expresión. Se expresa una posición crítica frente a una política del gobierno, con una mirada más matizada que en el caso anterior.

Otro asunto que aparece reiteradamente es el reclamo de Bolivia a Chile por la salida al mar.[35] Por ejemplo, el tono del artículo "Derecho de Bolivia al mar (21/04/2011)" es de protesta por "[...] la invasión filibustera, agresión, ocupación, depredación y actual dominio por la fuerza militar y la violencia usurpadora" por parte de Chile.[36] Esta "invasión ha condenado [a Bolivia] a la asfixia perpetua [...] cercenándole [al país] sus únicos vitales pulmones habilitados con gran sacrificio por los bolivianos durante sus primeros 50 años de vida republicana". Sin entrar a discutir aquí las legítimas aspiraciones de Bolivia, el tono del artículo coloca al país en el lugar de *víctima* de Chile, que aparece como un victimario agresivo, mentiroso, depredador. Chile no deja "respirar" a Bolivia. Subrayo el uso de estos términos en el texto porque me parece que están orientados a generar en el lector boliviano un sentimiento de rencor apelando a consignas chauvinistas.[37] Como se trata de un problema que afecta la integración sudamericana, se volvería "automáticamente" multilateral.

Esta mirada negativa en torno a Bolivia no es nueva ni está exclusivamente asociada al gobierno del MAS, dado que artículos escritos con anterioridad al mismo van por igual camino.

En "Bolivia y la sociedad de mentirosos (28/11/2006)", se plantea que más allá de la posición política (más o menos conservadora o progresista) habría históricamente un uso "mentiroso" de la política para favorecer intereses personales o corporativos.[38] Y entonces sería imposible un cambio real, menos

---

[35] Los artículos analizados fueron escritos antes de que el gobierno del Estado Plurinacional de Bolivia realizara la demanda ante la Corte Internacional de Justicia de La Haya para facilitar el diálogo sobre una salida al mar soberana con Chile.
[36] Ver en: http://goo.gl/DFaP1Z.
[37] Sentimiento que se "justificaría" por la pérdida de la cualidad marítima de Bolivia, con las consiguientes consecuencias económicas para el país.
[38] Ver en: http://goo.gl/26LNFN.

aún revolucionario; tras la fachada de un "proceso real de cambio" se "miente" a la población; la política se entiende así como un campo de mentiras y sus representantes se aprovecharían de la credulidad de la gente para beneficio personal o partidario.

Esta visión negativa de la política y de los políticos es afín a un artículo que tiene un sentido más histórico y que habla de Bolivia como nación: "Bolivia nació antes de 1825 (20/06/2005)".[39] Allí se describen distintas etapas por las que atravesó el país desde su independencia en 1825 y cómo las miradas predominantes en cada una dieron una impronta particular a la nación: la mirada *positivista anti-indígena* primó durante la construcción de la República; la "Guerra del Chaco" con Paraguay, entre 1933 y 1936, modificó esta perspectiva y fue generando la necesidad de construir una *nación incluyente*; el nacionalismo revolucionario que se consolidó con la Revolución de 1952 intentó construir una *nación homogénea*; el movimiento katarista en los años 1970 fue el comienzo de una lucha por el reconocimiento de las diferencias, fortalecido luego con el proceso de recuperación de la democracia en la década de 1980 y la idea cada vez más fuerte de reconocerse como una *sociedad multicultural*. El autor termina este relato preguntándose si hoy los bolivianos "¿tenemos patria?", lo que para él significa preguntarse si los bolivianos están dispuestos a morir por la nación.

El relato es interesante porque trata de cuidar una cierta objetividad en la forma e incluso podría esperarse una respuesta positiva a su pregunta, si se ve la descripción histórica como un proceso de continua mejora, en una perspectiva un tanto lineal. Sin embargo, la segunda parte del artículo comienza diciendo: "Me siento un momento frente a la máquina para hacerles conocer que no tenemos patria". Se percibe un fuerte abatimiento en esta frase, luego de la cual se produce un viraje en la línea del artículo para decir que lo que une a los bolivianos es "la misma desgracia de habitar un país sometido a

---

[39] Ver en: http://goo.gl/1U6T3B.

un rezago secular" y que "el símbolo nacional por excelencia es un mapa de pérdidas territoriales". Remata con la siguiente frase: "En medio de semejante inventario de falencias y vacíos es difícil imaginar la construcción de un espacio compartido. Los bolivianos parecemos tener en común la búsqueda ansiosa de *aquello que finalmente nos convierta en seres completos, en una nación de verdad*" (las cursivas son mías). La base de este problema sería la falta de democratización de la sociedad, pues en Bolivia primaría un sentido de la distinción que desconoce la igualdad entre quienes han nacido en un mismo territorio. La primacía de una cultura de linaje provocaría el desprecio hacia el "otro". ¿A qué metas nacionales puede aspirarse cuando no existe nación?, se pregunta el autor.

Una mirada que complejiza las identidades en Bolivia se ve en "Discusiones cotidianas sobre la identidad (21/08/2006)".[40] Allí, tomando como referencia una comunidad en la región oriental del país, se plantea el cruce de identidades a partir del cual se define la comunidad: se asumen como indígenas pero también como bolivianos, se reconocen como cambas (identidad regional) y pertenecientes a un sector socioeconómico (identidad de clase). Los entramados que surgen entre etnia, nación, región y clase llevan a una visión que complejiza la identidad nacional como bolivianos.

La mirada predominantemente negativa sobre el lugar de origen abre algunos interrogantes relativos a los imaginarios que parecería tener una parte de la población en la diáspora. Desde esta posición no es posible pensar al país como un lugar al que se desee regresar ni que se recuerde con nostalgia y más bien se ratificaría la "buena" decisión tomada al emigrar. Y sin embargo, los bolivianos en el exterior se mantienen como una fuerte comunidad en permanente referencia a su país de origen... En general, como vimos, los artículos plantean una constante situación de crisis política y económica que impide el progreso, de división social y cultural, de enfrentamientos y

---

[40] Ver en: http://goo.gl/oBUO2W.

conflictos. Esta visión, al exaltar la "intranquilidad" que se vive permanentemente en Bolivia, podría resultar, contrariamente a lo que parece, "tranquilizadora" para el que ha emigrado.

A modo de síntesis

Las experiencias de discriminación, violencia y sobrexplotación laboral que se relatan en el sitio web se alimentan tanto de la impunidad de los victimarios como de la escasa formulación de denuncias y acciones específicas por parte de los migrantes que las padecen. Ello da lugar a que tales experiencias se repitan. Oponiéndose a la prevalencia de una imagen naturalizada de resignación de parte de los migrantes, el sitio web da un espacio desde el cual se reclama y hacen públicas las situaciones descriptas.

En los casos de discriminación revisados se juegan relaciones de poder vinculadas a diferencias entre locales y migrantes, de clase, étnicas; en general estas diferencias se combinan y suman, lo que incrementa la discriminación. Es decir, se discrimina por la nacionalidad, pero también por ser pobre, joven, moreno o mujer. Además, la discriminación y la violencia generalmente van juntas.

En cuanto a las experiencias que vinculan la nacionalidad con las condiciones laborales, se hace énfasis en el trabajo semi-esclavo. En los casos narrados, son argentinos quienes denuncian el padecimiento de las pésimas condiciones laborales y, de este modo, permiten "rescatar" a migrantes bolivianos de situaciones de gran vulnerabilidad. En estos casos, *por ser bolivianos* padecen condiciones laborales de encierro y explotación unidas a muy malas condiciones de vida (mala alimentación, enfermedades, hacinamiento). Muchas veces esta situación se "ampara" en relaciones de poder al interior de la colectividad entre los talleristas propietarios de las máquinas –muchos de ellos bolivianos radicados con antigüedad en Buenos Aires– y los costureros empleados –traídos por ellos o por intermediarios desde Bolivia para trabajar en los talleres–, entre migrantes con mayor antigüedad y conocimiento de la vida en Buenos Aires y nuevos migrantes que ignoran sus derechos en Argentina. En estas situaciones se cruzan relaciones de clase y de poder entre los propios migrantes al interior de la colectividad que marcan jerarquías. El nuevo migrante, como antes tuvo que hacerlo el más antiguo y que hoy se encuentra en mejor posición socioeconómica, debe "sacrificarse" para llegar a ser tallerista o para tener un rédito económico que le permita restablecerse en Bolivia en una mejor situación.[41]

En relación con las representaciones culturales, las fiestas patronales y las Fraternidades de Danzas son centrales en la reivindicación de un imaginario positivo del bagaje cultural del migrante boliviano que se opone a la pobreza por la cual es, en general, discriminado. De allí la fuerza de un sentimiento de "propiedad" sobre las danzas de la región andina, como la diablada o los caporales. Los bolivianos reivindican su acervo histórico cultural en sus celebraciones y toman este asunto muy seriamente porque los posiciona de manera positiva frente a las sociedades de residencia, al tiempo que les permite, en relación con Bolivia, representar su cultura y demostrar que siguen perteneciendo. En las fiestas patronales se reactualiza el lazo con su país de origen y su fe cristiana, al tiempo que construyen un lugar de contención y pertenencia dentro de la colectividad boliviana en el exterior, que además les permite enfrentar la discriminación en las sociedades de radicación. Finalmente, en esas celebraciones los distintos grupos de migrantes, con sus diversas jerarquías e identidades, asumen posiciones específicas dentro de la colectividad boliviana en las sociedades de destino. Este conjunto de razones permite comprender la vehemencia con la que defienden sus danzas, incluida la amplia convocatoria citada a nivel global a través de la red. La música, la danza, la religiosidad y el sentido de comunidad vinculados a sus fiestas, se asocian con un imaginario

---

[41] Algo similar ocurre en el rubro de la horticultura, como ha trabajado Benencia (1997, 2006, 2008).

positivo de Bolivia y su cultura; un imaginario que eleva la autoestima de los migrantes y el orgullo de su pertenencia nacional como bolivianos.

Las autoevaluaciones revisadas en el sitio web aparecen como expresiones de una cierta conciencia de formar parte de una diáspora. Desde allí se intenta dar espacio a distintas asociaciones de la colectividad, aunque ellas no participen activamente. La inteligencia de dar al sitio web un nombre abarcador de la "comunidad boliviana" sin vincularlo directamente a una organización y sin tener una adscripción política partidaria, probablemente haya influido en la enorme cantidad de visitas que tiene, lo que le da también una cierta legitimidad. Asimismo, el nombre del sitio tiene un significado en términos de diáspora, pues se trata de la "comunidad boliviana" que reside en Argentina y de allí se vincula con el mundo a través de Internet y de los lazos generados con migrantes y sus asociaciones en otros países, como en España, Estados Unidos y Suecia.[42]

El sitio web se ve como un modo de conectarse con el mundo y se auto-posiciona como el "mayor referente de la comunidad boliviana en el mundo". Pero a la vez pretende dar una imagen de objetividad y amplitud, abarcadora de la complejidad y diversidad boliviana.

En las autoevaluaciones se puntualizan además los problemas considerados más importantes de la colectividad en términos de su inserción en Buenos Aires y los conflictos internos. Allí se relata una historia con logros y costos de la comunidad de migrantes bolivianos en Argentina, que reivindica una lectura retrospectiva sobre la colectividad, una propuesta y una aspiración de representación de la misma. Estas evaluaciones son una suerte de ejercicio de pensarse como colectividad organizada.

---

[42] En este sentido, varios artículos referidos a los migrantes bolivianos en diversos países de alguna manera contextualizan el tema migratorio en un marco más amplio y expresan una conciencia sobre problemas compartidos con otros bolivianos radicados en distintos países, apuntalando también una "conciencia de diáspora".

Por otro lado, el reconocimiento institucional del país de acogida tiene una importancia clave para fortalecerse como comunidad en la diáspora, como se vio en el análisis del artículo sobre la Fiesta de la Virgen de Copacabana en Morón. Se ve como positivo el lugar que la colectividad consiguió ocupar en la sociedad de destino, que es *el lugar que la colectividad boliviana se merece*, según se sostiene en el artículo. Se trata de un espacio político, social y cultural dentro de la sociedad receptora, que los legitima como colectividad diferente e inserta, desde su diferencia, en la Argentina.

3

Asumir una identidad compleja como jóvenes migrantes bolivianos

Este capítulo se basa en el análisis del *blog* http://www.agrupacionsimbiosiscultural.blogspot.com, creado en 2009 como instrumento de difusión de la Agrupación Simbiosis Cultural. Dicha Agrupación surgió con el propósito de generar un espacio de encuentro entre jóvenes migrantes bolivianos en Buenos Aires para compartir inquietudes, esperanzas, historias. La idea era generar un espacio alternativo a los tradicionales de la colectividad –como las fiestas y las Fraternidades de danza– que fuera a la vez un lugar de "contención". El análisis del *blog* se basó en comunicados, comentarios, información y audios de programas de radio que emitía la Agrupación.

A pesar de que el objetivo de la Agrupación era llegar a jóvenes bolivianos, en el título del *blog* no se hace alusión a Bolivia.[1] El nombre "Simbiosis Cultural" hace pensar en una apuesta por una "identidad" a partir de un "entramado" entre distintas culturas y del encuentro entre diferentes. No existe presentación del grupo ni de los objetivos del *blog*. Sin embargo, en el sitio web http://www.juventudboliviana.com.ar –del cual derivó el *blog* y que ya no existe en la web– se encontró una breve historia de la Agrupación:

---

[1] Ello, a diferencia del sitio web que lo precedió, denominado http://www.juventudboliviana.com.ar, y que dejaba claro desde el inicio su orientación a jóvenes bolivianos en Argentina. Esto quizás se deba a que el *blog* se creó una vez logrado un cierto desarrollo de la Agrupación, mientras que el sitio web precedente era más una invitación al encuentro de jóvenes bolivianos sin ningún vínculo institucional.

"Esta Agrupación nace desde la búsqueda de nuevas formas de acción ante tantas cosas que es necesario cambiar. Para ello lo primero que se tiene que hacer es hablar de las cosas que no nos gustan, de las que queremos cambiar y así ayudar a otros. Pero todo esto no se logra si el grupo no tiene una forma de crecimiento [...] horizontal y pareja entre todos sus integrantes."

En un inicio se proponía conformar un "Centro Cultural Joven Boliviano", evidenciando así el vínculo con los jóvenes bolivianos. En sus comunicados destaca la búsqueda de cambio, una actitud proactiva, un clima de diálogo y una propuesta de horizontalidad en los vínculos. Se podía escuchar un audio que decía:

"La Agrupación Simbiosis Cultural te invita a hacer un *apthapi*[2] de ideas. A crear un espacio donde nos juntaremos a compartir todo tipo de ideas, inquietudes, proyectos y ganas de querer hacer algo. Un lugar para informarnos, formarnos y aportar un granito de arena para la construcción de algo nuevo".

Se apuntaba lugar y días de encuentro y direcciones electrónicas para comunicarse.

Entre los títulos o *etiquetas* destacan: "Biblioteca Popular Boliviana", "Editorial Retazos", "Letras y Palabras que comparten sentires", "Simbiosis de radio". A través del enlace "Por un tiempito nomás" se accede a los programas radiales que tuvo la Agrupación y llevan ese nombre.[3] Además, hay comunicaciones sobre las condiciones de trabajo en los talleres textiles,[4] se difunden libros de la "Biblioteca Popular Boliviana" creada por la Agrupación y se promueven algunos eventos (ciclo de cine, ciclo de encuentros, talleres) que ésta realiza.

---

[2] *Apthapi*: se refiere a reunir, recoger, juntar. En este caso, sería una "reunión para proponer, compartir, debatir, ideas".

[3] Estos programas tenían su propio *blog*, aún disponible en: http://goo.gl/85zpqk.

[4] Es posible descargar el libro *No olvidamos*, sobre el incendio en un taller textil en 2006. Disponible en: http://goo.gl/crjpAk.

Al momento del análisis, la Agrupación recién comenzaba a utilizar *Facebook*, que es la red que hoy más utiliza para comunicarse entre sus miembros y con otros. El espacio del *blog* se mantiene pero ya no se actualiza. Sin embargo, hay un nuevo espacio en la web –http://simbiosiscultural.com– del hoy "Colectivo Simbiosis Cultural", donde, a modo de subtítulo, puede leerse: "Bolivianidad re-imaginada".[5]

Trabajadores bolivianos en los talleres textiles

Las experiencias que se destacan en el *blog* referidas al hecho de ser bolivianos se vinculan principalmente con la explotación laboral en los talleres textiles. Bajo el título "No olvidamos",[6] por ejemplo, se invita a un acto que recuerda el incendio de un taller en la ciudad de Buenos Aires en 2006 y en el que se presentaría un libro sobre experiencias en los talleres textiles.[7] El tono de la convocatoria es de desánimo y frustración ("Ya pasó otro año y otra vez estamos en el mismo lugar...", "5 años de la pérdida de 6 niños y jóvenes por el abuso de la necesidad de subsistencia", dice el afiche que acompaña el texto), pero también se mantiene la intención de continuar la lucha por lograr "¡¡Justicia!!" y "¡¡No más explotación laboral!!".

Se puede acceder también a grabaciones de audio, en las cuales se narran las condiciones en las que funcionaba el taller, cómo se produjo el incendio y la angustia de haberlo vivido, las marchas de reclamo y la constatación de que fue muy poco lo que avanzó la Justicia y que los encargados del taller quedaron impunes.[8] Los títulos de los audios sugieren

---

5   Ver: http://goo.gl/TnCd8G.
6   En: http://goo.gl/GNlGU0.
7   Colectivo Simbiosis/Colectivo Situaciones (2011), *De chuequistas y overlockas, una discusión en torno al taller textil*, Buenos Aires, Tinta Limón. Disponible en: http://goo.gl/4AMXx4.
8   En: http://goo.gl/crjpAk.

que las condiciones de trabajo de los migrantes bolivianos en los talleres no cambiaron a pesar de la tragedia y todos comienzan de la misma manera:

> "El 30 de marzo del año 2006 murieron 6 bolivianos en un taller clandestino de costura. Y la historia del boliviano en Argentina cambió. ¿O no tanto? La memoria como arma para luchar por un futuro. No olvidamos".

Y si bien la conclusión es que no hubo un cambio sustantivo, se plantea que la memoria es un instrumento para avanzar, para cambiar, para lograr dignidad. El mensaje podría sintetizarse en la consigna: "memoria, lucha, cambio", que es también un posicionamiento político.

El libro *No olvidamos*, al que es posible acceder desde el *blog*, es un testimonio del incendio, sus causas y consecuencias para los trabajadores, y a la vez una denuncia no sólo de la situación laboral, sino del sistema que encubre y lucra con ese trabajo y en el que se incluyen fabricantes –de grandes marcas e imitaciones–, instancias gubernamentales –municipales y nacionales (de Argentina y de Bolivia)–, dirigentes de la colectividad boliviana en Argentina. Todos esos actores confluyen desde sus intereses para que, según se sostiene en el libro, sea difícil analizar el problema desde una sola mirada.[9]

Además de apelarse a la memoria para producir un cambio, en el libro se sostiene que la colectividad boliviana está inserta en una "sociedad totalmente diferente" (la argentina) y se pone de relieve que son problemas económicos y laborales

---

[9] Dirigiéndose a los costureros, los autores de *No olvidamos* dicen: "Lo más complicado es ver de frente a TODOS los que dependen de que vos sigas en la misma situación, porque esos TODOS son el gobierno argentino, la sociedad argentina (son los que a través de [la feria de] La Salada distribuyen a toda Argentina lo que se hizo en un taller explotando a alguien), es el gobierno boliviano que no tiene políticas como para poderte sacar de esta maraña, es el dueño de la fábrica que se lleva la mayor parte de tu trabajo, es tu paisano que no te trajo para hacerte un favor, sino para sacarte lo más posible, así como lo hicieron con él". (En: http://goo.gl/crjpAk).

los que empujan a la migración hacia la Argentina.[10] Así, se marca una distancia entre "colectividad boliviana" y "sociedad argentina" que posiciona a la primera como diferente por su identidad particular dentro de la segunda y de esta manera muestra una dificultad de inserción y una distancia cultural, es decir el tema de la diferencia.[11]

En el caso específico del incendio del taller mencionado al que hacen referencia las grabaciones y el libro, destacan:

1. la situación en el taller: gran cantidad de trabajadores –muchos con hijos pequeños–, hacinamiento, existía un solo baño que compartían 64 personas, número de máquinas muy superior al permitido –sólo 6 de 23 máquinas estaban habilitadas–, no había salidas de emergencia;

2. la impunidad para los responsables (no se citó ante la justicia a los dueños del taller –argentinos–, el encargado del taller –boliviano– habría abierto su propio taller luego del incendio, la aceptación de "arreglos precarios" por parte de los trabajadores con la intermediación de abogados que se presentaron como "cercanos" a la colectividad boliviana), que refleja la impunidad en la que se reproduce el sistema de trabajo en los talleres (en el que participan desde dirigentes de organizaciones de la colectividad boliviana hasta la policía y funcionarios municipales que habilitan los talleres, ignoran las denuncias o no logran actuar de manera eficiente, y que se apoya en el "silencio" de los trabajadores bolivianos frente a estas situaciones);[12]

---

[10] "*No olvidamos* es un grito silenciado. Ese silenciamiento es el resultado de muchos movimientos internos y nuevas configuraciones, de una colectividad adentro de una sociedad totalmente diferente, como respuesta a una situación crítica que puso en el tapete las condiciones en las que muchos inmigrantes se ven obligados a trabajar y vivir debido a la falta de respuestas de parte del gobierno, tanto boliviano como argentino." (*Ibíd.*)

[11] Brah (2004).

[12] "Es mentira que nosotros adoptamos esta forma de trabajo porque somos honrados y trabajadores, ese es un discurso que solo sirve para mantener a un costurero en la máquina, a un ayudante en la mesa, a una cocinera en la cocina, a una verdulera en la verdulería, mucho tiempo más de lo necesario, casi preso. A

3. la reproducción de un modo de trabajo basado en la sobrexplotación y en condiciones de gran inseguridad laboral para maximizar beneficios económicos: se exime de responsabilidad a las grandes marcas, que no son las dueñas de los talleres, y se "justifica" culturalmente el hacinamiento y las largas jornadas laborales ya que los bolivianos estarían "acostumbrados" a vivir y trabajar de ese modo;

4. el deseo de condiciones dignas de vida y de ser reconocidos desde su identidad como bolivianos de otro modo: se aspira a dejar de ser discriminados por ser bolivianos, a ser escuchados y expresarse desde su identidad particular, a ser reconocidos por la justicia y por políticas específicas de los gobiernos argentino y boliviano; se quiere dar un "contenido" diferente a la colectividad boliviana en Argentina.

Se concluye que tanto desde la justicia argentina como desde los talleristas se termina sosteniendo un modelo basado en la explotación laboral de los costureros. Dado que muchos bolivianos son talleristas, dirigentes de algunas asociaciones de la colectividad boliviana vinculadas a los talleres intentan ocultar esta situación y actúan como intermediarios entre las partes. Incluso los costureros son convencidos de que los allanamientos a talleres los perjudican porque se quedan sin trabajo. Por lo tanto, esas condiciones laborales serían inevitables y parte de un círculo muy difícil de frenar, porque, aunque luego del incendio en este taller en particular el gobierno argentino realizó una "campaña" de allanamientos a talleres similares, los responsables encuentran los modos de esquivar a la justicia (muchos talleres luego de este caso se habrían trasladado a la Provincia de Buenos Aires) y de convencer a los

_____

veces parece que no queda otra cosa y la aceptamos, como tantos otros, nada más que, al ser migrantes, la situación y opciones se reducen al mínimo, a veces es mejor que ver a tu familia pasando hambre. Pero en ningún momento es justo, toda esa cadena de sometimiento tiene un porqué, y las ganancias no son pocas". (En: http://goo.gl/crjpAk).

trabajadores de que, a pesar de vivir y trabajar en condiciones precarias, ésta es la forma de iniciar un ascenso laboral y económico. Para ello además aprovechan el desconocimiento que inicialmente tienen los trabajadores de las normas vigentes y de sus derechos como migrantes y la "interminable" deuda que contraen con los dueños de los talleres (por hospedaje, comida, pasajes desde Bolivia).

En el *blog*, frente a esta problemática, se asume una posición que reivindica la memoria: qué pasó, por qué y, sobre todo, quiénes fueron las víctimas, siempre mencionadas con nombre, apellidos, edad y nacionalidad que, finalmente, "justifica" la sobrexplotación laboral y la impunidad.[13]

Así, desde el *blog*, la experiencia de ser boliviano en Argentina enfatiza tanto la discriminación y el prejuicio en relación a la nacionalidad (muy estrechamente vinculada a modos de vivir, trabajar y esforzarse por lograr una vida mejor), como la necesidad de recuperar y mantener la memoria para rechazar la idea de que la nacionalidad, finalmente, justifica las condiciones de vida y empleo de los trabajadores bolivianos en Argentina. En el *blog* se argumenta contra esa visión de sometimiento y se complejiza el análisis de la situación en la que viven, trabajan e intentan construir un mejor futuro los migrantes bolivianos en el país.

Y como "la memoria normalmente juega malas pasadas", la Agrupación Simbiosis Cultural se encarga de recordar estos hechos, porque: "Es difícil escaparse al olvido, pero es muy importante hacerlo para que las cosas cambien y se pueda hacer justicia". Por eso: "No solamente recordamos [el incendio] sino que hacemos cosas para que vos lo recuerdes". Y se plantea que el incendio de este taller puede verse no sólo como

---

13 De manera similar al caso denunciado en http://www.comunidad-boliviana.com.ar de la muerte de Marcelina y su bebé en un tren, estos migrantes bolivianos muertos siguen ocupando el ciberespacio como fantasmas que muestran de la manera más dura la explotación laboral, la discriminación y la xenofobia.

tragedia, sino como oportunidad para hacer público el tema de las condiciones de vida y la situación laboral de los bolivianos en Argentina y que se logre justicia.

Finalmente, un texto que invita a conversar sobre estos asuntos ("Trabajo del boliviano en Argentina"),[14] hace hincapié en el desconocimiento de los bolivianos que al llegar a la Argentina se encuentran con una situación de abuso laboral de la cual, por los mecanismos del sistema descripto y por ignorar sus derechos –lo que es usado por los talleristas para generar temor en los costureros–, les resulta muy difícil salir.

Lo marginal y lo indígena como representativo de la cultura boliviana en el blog

La Agrupación propone construir la "Biblioteca Popular Boliviana" y promueve algunos libros desde el *blog*. Uno de ellos se titula *Borracho estaba, pero me acuerdo. Memorias del Víctor Hugo* (V.H. Viscarra),[15] y trata de "un personaje real [...] de nuestra La Paz": un joven de 14 años que vivía en la calle, buscando los mejores lugares para dormir al amparo del frío. La identificación con la ciudad de La Paz ("nuestra La Paz") deja en evidencia la identidad paceña de al menos algunos miembros de la Agrupación, que se corrobora cuando dicen: "Para muchos de nosotros [el libro] fue un reencuentro con nuestra verdadera La Paz". La calificación de "verdadera" enfatiza una mirada sobre la ciudad donde se destacan personajes marginales que la habitan, no es una mirada folklórica o turística que muestra sus monumentos o sus calles y paisajes típicos. Lo marginal se identifica con lo "verdadero" de "nuestra" ciudad, aquélla que se dejó para vivir en Buenos Aires.

---

[14] En: http://goo.gl/GNlGU0.
[15] En: http://goo.gl/Fik2fK.

Otro de los libros se titula *El fin del estado k'hara* (E. Gironda),[16] y trata de la transmisión de generación en generación del "sentir de los pueblos oprimidos", sentir no incorporado en los textos oficiales sobre la historia de los pueblos indígenas. Con este comentario se ubican lejos de una lectura histórica oficial sobre Bolivia y reivindican lo marginal, lo no escuchado desde el poder político o desde una cultura predominante. La invitación a leer el texto está acompañada por una grabación que relata las revueltas indígenas de dos pueblos del altiplano boliviano en 2003, reivindicándolas como continuación histórica de la rebelión indígena de Tupac Amaru en el siglo XVIII.[17] Hay una reflexión sobre la lucha política desde una subjetividad anclada en la historia, aunque sea una asociación entre un hecho actual y uno histórico un tanto forzada. El libro constituiría "un ladrillo en la construcción de la nueva Biblioteca Popular Boliviana".

En otros dos audios se sintetiza, por un lado, el cuento "El cetro del inca" (I. Zegada), que narra el presentimiento de un sacerdote del imperio incaico de la caída del Tahuantinsuyu y el "choque" de dos mundos con la llegada de los españoles a América; y por el otro, el libro *Los barones del oriente. El poder en Santa Cruz ayer y hoy* (X. Soruco, W. Plata y G. Medeiros), sobre el "casi" exterminio de los indígenas de las tierras bajas del oriente boliviano.[18] Con la literatura que el *blog* promueve se reivindica tanto la figura del indígena, oprimido pero también en lucha, como la de los personajes marginales que pueblan cotidianamente la vida paceña. La memoria sobre Bolivia, asociada a la región occidental del país, está vinculada con gente y pueblos específicos, con personajes e identidades acalladas o ignoradas –y probablemente idealizados en esos relatos–, desde una mirada no oficial y que, rescatando lo

---

[16] *Ibíd.*
[17] *Ibíd.*
[18] *Ibíd.*

marginal, se opone a un imaginario de humillación y sometimiento sin lucha que caracteriza al estereotipo de los migrantes bolivianos en Argentina.

Proyectos culturales promovidos desde el blog

Tres son los proyectos de la Agrupación promovidos en el *blog*:

1. El programa de radio *"Por un tiempito nomás"*, que se
   realizó entre 2009 y 2011. Según se dice en su presentación: el nombre del programa es "la primer gran mentira
   que nos hacemos los bolivianos cuando llegamos aquí [a
   la Argentina, a Buenos Aires]: va a ser por un tiempito
   nomás, después me vuelvo".[19]
2. La *Biblioteca Popular Boliviana*, que se justifica en la
   necesidad de recuperar la "cultura" que el migrante pierde por el hecho de dejar su país. Crear una Biblioteca
   de textos bolivianos es un modo de compartir la cultura
   escrita "para no olvidar muchas cosas, para conocer otras
   y sobre todo para saber por qué queremos tanto [a Boli-
   via]".[20] Cada libro es "un ladrillo" que va construyendo un
   lugar de reivindicación de una cultura que rescata el pasado indígena y a unos personajes muy distintos a aquellos

---

[19] El programa se emitió durante 2011 desde "FM La Bemba", emisora situada en el
ex centro de detención clandestino Olimpo, en el barrio de Floresta en la ciudad
de Buenos Aires, y cuya señal tenía escaso alcance. La agrupación esperaba
poder emitir el programa desde alguna emisora de la colectividad boliviana,
porque el objetivo era que fuera escuchado por los migrantes bolivianos en los
talleres textiles. Pero como en buena medida las radios de la colectividad son
producidas o financiadas por talleristas, y son talleristas los que eligen qué emisora se escucha en el taller, si el programa es muy enfático en contra del trabajo
en los talleres no será escuchado. Por otra parte, la agrupación es conocida por
su posición frente al trabajo en los talleres, lo que hacía difícil conseguir un espacio en las radios de la colectividad.
[20] *Ibíd.*

estereotipados como bolivianos en Argentina y que se distancia de la mirada folklórica de algunas asociaciones de la colectividad boliviana en Argentina.

3. La *Editorial Retazos* es un proyecto hecho casi familiarmente y del cual la Agrupación siente enorme orgullo por el gran trabajo que implicó, la discusión de ideas, las dudas y los aprendizajes, y en el que se pusieron no sólo las "cabezas" sino también los "corazones".[21] Las tapas de los "libritos", como los llaman, están hechas de retazos de telas, de lo que se deshecha en el taller. La editorial cumplió un año y el texto que conmemora el evento explica: "[...] el año que empezamos a caminar nos dio la oportunidad de encontrarnos con más retazos, cada cual con su propio color, sus propias texturas, sus formas y sus historias, que nos hacen no olvidar, que nos fortalecen y contienen; retazos de vida que nos hacen construirnos y deconstruirnos constantemente, pero sobre todo nos dio la posibilidad de reconocernos en la lucha. Luchas que ahora nos hacen sentir parte de un todo diferente, un completo que nos incluye y nos fortalece. [...] Pero [...] los culpables de esta locura no son otros que los retazos. Ellos con sólo salirse del molde y buscar su nuevo espacio, nos enseñaron muchas cosas. Ellos que después de ser excluidos, por no servirle al sistema, al modelo, son tildados como inservibles. Ellos que con sus formas, sus texturas, son capaces de envolver pensamientos, literatura, sueños. Ellos que parecen inofensivos en las bolsas por las calles, se vuelven luchadores incansables cuando comparten sueños y se animan a pensarlos posibles".

En este texto que reivindica el trabajo, las ideas y la organización de varias personas que con sus diferencias impulsan el proyecto editorial, hay una condensación de significados en la palabra "retazos": retazos son los saldos o las sobras de las

---

[21] En: http://goo.gl/yqONT0.

telas que aluden a los talleres de costura;[22] también es lo que se desecha, lo inútil, lo no funcional; retazo es lo diferente, lo que sale de un molde de tela pero que se transforma en algo distinto y, como tal, es rechazado. Sus diferentes formas, texturas, tamaños, son aquí asociados a distintos pensamientos, creatividad, esperanzas. Los retazos, entendidos como los excluidos de un sistema –y quizás muchos migrantes se identifiquen con esta idea–, pueden unirse y compartir ideas, expectativas, proyectos.

Se trata, como es notorio, de proyectos colectivos de difusión de ideas que suponen un posicionamiento político de la Agrupación desde su identificación como migrantes bolivianos, jóvenes, vinculados a talleres textiles y muy críticos de esa experiencia y del sistema y entramado de relaciones que lo protege. Es interesante, empero, que la referencia a "lo boliviano" no se exprese ni en los títulos, ni en el nombre de la Agrupación, ni en el público al que se dirige. El nombre es "Simbiosis Cultural" y ya no, como en los inicios, "Juventud boliviana", probablemente porque en el transcurso de su construcción fue cambiando la propia mirada sobre la identidad como jóvenes migrantes bolivianos. Ello, sin embargo, no significa que la Agrupación niegue su "bolivianidad", sino que la rescata para reflexionar sobre ella no desde la victimización sino desde la "lucha" y la expectativa de cambio –como esos "retazos" que se unen para acercarse a sus sueños–.

---

[22] En el texto "Retazos", en este mismo sentido, se dice: "Quién diría que esos restos del rollo de tela se animarían a soñar con ser libres y luchar por los otros retazos, que resignados, están allí todavía, en las calles después de la jornada de trabajo enterrados en una bolsa junto a otros. Ahora ese pedazo de tela se anima no solamente a soñar, sino también a contar las cosas que le pasaron, las cosas que no le gustan [...]. ¿Te animás a leer un pedazo de tela?" (*Ibíd.*).

Los migrantes como personas en un mundo de migrantes

En los programas de radio se toma posición sobre los problemas de los migrantes y se contextualiza la migración boliviana en el marco más amplio del movimiento migratorio global. Los programas se dividían en tres grandes bloques: i) uno de noticias sobre los problemas generados durante los procesos migratorios en general y en distintos países; ii) otro que trata un tema específico asociado con la migración boliviana en Argentina (talleres, empresas textiles y grandes marcas; xenofobia por parte de funcionarios públicos; empadronamiento electoral de extranjeros); iii) un bloque de cierre, en el que se lee un texto literario de un autor boliviano.

Los asuntos que se tratan en el primer bloque muestran una conciencia de que, como migrantes, se forma parte de un movimiento más amplio, que va más allá de las nacionalidades. Las noticias que se presentan están vinculadas mayormente con problemas de discriminación, con las dificultades para ejercer derechos ciudadanos en las sociedades receptoras –o su carencia–, con las restricciones que sufren por falta de documentación y de conocimiento sobre cómo documentarse, con las acciones "desesperadas" que se puede cometer ante la necesidad de emigrar. También se informa sobre movilizaciones de migrantes en reclamo de sus derechos.

Estas informaciones –obtenidas de páginas web de medios de comunicación y de otros medios– muestran las enormes dificultades que enfrentan los migrantes en muchos países y los altos costos sociales y humanos de los procesos migratorios. Se presentan de modo "objetivo", pero dejando en evidencia la orientación del programa hacia la defensa de los derechos de los migrantes.

En este bloque los miembros de la Agrupación expresan su identificación como migrantes en un mundo en el que comparten similares experiencias con otros migrantes de diversos orígenes, más allá de la nacionalidad o de la sociedad de destino. Además, de este modo se presenta la migración como un fenómeno global: se deja a un lado la particularidad de ser "migrantes bolivianos", mostrando un mundo donde muchos otros migran y donde la migración boliviana es parte de esa movilidad poblacional. Aunque tienen problemas específicos como bolivianos migrantes y como bolivianos en Argentina, comparten problemas similares con otros. El programa muestra un interés por la situación de los migrantes de otras nacionalidades que también sufren situaciones de desprotección y merma de derechos y que pelean por mejorar su situación. Es decir, hay una identificación como migrante más allá de la identidad nacional.

Por ejemplo, en uno de los programas ("Por un tiempito nomás vuelve"), se reunió a jóvenes migrantes y descendientes de migrantes para intercambiar experiencias y opiniones sobre arte y procesos políticos. El encuentro es presentado por el conductor con la frase: "¡Primer día y rompemos las fronteras!", y uno de los invitados (descendiente de migrantes chilenos) agrega: "Es como una especie de *wiphala* acá adentro". Es decir, hay muchos colores, que marcan diferencias, pero al mismo tiempo hay un diálogo entre distintos. Y agrega: "Todos los procesos migratorios siempre van modificando para mejor. Vamos aprendiendo a sentir cosas, a escuchar, a oler, a mirar de otra manera. Eso, la verdad, nos alegra". La migración vista desde sus efectos "positivos", tanto para el migrante como para la sociedad en general. El intercambio de experiencias y el entusiasmo de compartir una problemática común son notables en este encuentro, en el que para el oyente queda en evidencia que los distintos significados que puede tener para cada individuo una experiencia común (la migración, en este caso) pueden enriquecer los vínculos con otros.

Se plantea la posibilidad de un encuentro y de un trabajo a nivel cultural productivo entre distintos colectivos de migrantes y con otros individuos y grupos de las sociedades receptoras, la cuestión de ser descendiente de inmigrantes de países limítrofes en Argentina, el compromiso que se puede tener con otros que atraviesan las fronteras. Estos asuntos constituyen un punto de partida sobre cómo concibe la migración esta Agrupación.

Se afirma también una mirada humanizada sobre los migrantes y los procesos migratorios (el migrante como ser humano, y no sólo como trabajador, persona de bajos recursos o como "otro" nacionalmente identificado) que se transmite en una grabación repetida en los programas, que dice: "Hay música que migra, noticias que migran, literatura que migra, colores que migran, sabores que migran, sentires que migran, pensares que migran. Todo eso es: Por un tiempito nomás". Las personas no migran solas; no son migrantes "a secas" ni son números en una estadística de población. Cargan con ellas su música, sus modos de pensar y sentir, sus afectos, sus palabras, sus gustos, sus historias, sus memorias, sus subjetividades. El migrante no es sólo un trabajador o una persona en desventaja económica que busca empleo en otro país. El migrante es una persona que lleva consigo una historia, una memoria, unos afectos, códigos e imaginarios culturales, y que se plantea dejar su lugar "por un tiempito nomás", con la idea de regresar.[23] El migrante no se propone emigrar "para siempre"; la migración aquí no se concibe como una ruptura definitiva. La promesa es "por un tiempito nomás", que implica la expectativa de retorno y la dificultad de la ruptura. El regreso está presente en la partida: es el modo de partir.

Los responsables de estos programas se colocan así, en primer lugar, como migrantes. Desde allí se identifican con los migrantes bolivianos en particular y establecen puntos en común con aquellos que provienen de países limítrofes o cercanos a la Argentina, como Perú.[24] Se identifican así con aquellos que son más discriminados dentro del universo de

---

[23] Esta frase también puede entenderse en el sentido de que el programa "Por un tiempito nomás" busca presentar todo aquello que conforma el ámbito subjetivo del migrante y que desde el programa se reivindica: la música, la literatura, la nostalgia de los sabores y los lugares, etcétera.

[24] En varios comentarios se ubican en un mismo lugar de desventaja en Argentina.

los migrantes en Argentina (paraguayos, peruanos); pero son específicamente migrantes bolivianos cuando hablan de sus "compatriotas" explotados en los talleres textiles.

Migrantes bolivianos en Argentina: derechos y estigmas

Uno de los programas radiales (del 05/05/2011) gira en torno a la explotación laboral en los talleres textiles, denunciándose la responsabilidad que tienen las grandes marcas de indumentaria en el funcionamiento del sistema que permite dicha explotación, denuncia que generalmente los medios eluden o relativizan.[25] Dos trabajadores de una empresa textil –que se presentan como migrantes– participan en el programa y denuncian los bajos salarios, los mecanismos dilatorios de los dueños de los talleres para pagar sus sueldos (que pagan en tres y hasta cuatro veces y a través de distintos bancos), y la falta de reconocimiento de sus derechos laborales, aprovechando el estatus migratorio de la gran mayoría de los trabajadores y el desconocimiento de sus derechos.[26]

Al final del mismo programa, y utilizando un recurso literario, se menciona la cuestión de la identidad como trabajador/a pobre cuando se recita una poesía de autora boliviana, titulada "Invierno proletario", que describe las condiciones de precariedad de la vida cotidiana de trabajadores y trabajadoras

---

[25] El programa se puede escuchar en: http://goo.gl/v28UxB.

[26] Uno de los trabajadores dice: "Muchos compañeros tomaron en cuenta que esta lucha es de los trabajadores inmigrantes. ¿Por qué? Porque en la fábrica hay un 75% de trabajadores inmigrantes [...]. [También en otras] hay la misma cantidad de personas inmigrantes, lo que quiere decir que hay unos privilegiados y unos explotados en las fábricas textiles en blanco. Lamentablemente quiero decir que los trabajadores inmigrantes no tenemos una defensa por parte del Ministro de Trabajo ni del Sindicato. [...]". (*Ibíd.*)

que viven en la periferia de las ciudades.[27] Resulta fácil asociar la situación descripta en la poesía con la que vive buena
parte de los trabajadores bolivianos en la periferia de la ciudad de Buenos Aires.

En otro programa (del 12/05/2011) se aborda el tema de
la "migración descontrolada" a la que hizo referencia el Intendente de la ciudad de Buenos Aires, Mauricio Macri, frente a
la toma de un parque de la ciudad (el Parque Indoamericano)
en 2010, en la que muchos de los ocupantes eran migrantes.[28] Según sus expresiones, los migrantes bolivianos, peruanos, paraguayos (es decir, aquellos con presencia en la toma),
están asociados con la delincuencia, el narcotráfico, la ilegalidad y las mafias, y en tal contexto la ciudad de Buenos Aires
no debería prestar servicios de salud y educación a los migrantes "irregulares".[29]

Esa calificación de la migración originó un debate en el
programa en torno a la diferencia que se hace en el discurso y
en el trato entre migrantes provenientes de Bolivia, Paraguay y
Perú, por un lado, y de países europeos, por el otro. Una suerte
de migración "negativa" y "positiva". Para argumentar esto, se
sostiene que pese a que durante el segundo semestre de 2010
habrían migrado aproximadamente 30.000 jóvenes españoles
a la Argentina, el tema no se discute en los medios, los que, sin
embargo, debaten la "migración descontrolada" procedente de

---

27 La poesía hace referencia a la suciedad de los barrios que los trabajadores habi-
    tan, el mal estado de sus calles y casas, la soledad en la que quedan los niños
    cuando sus madres van a trabajar, el mal olor y el cansancio; todo ello frente a la
    comodidad y el abrigo que ofrecen los bellos edificios en las ciudades.
28 El programa se puede escuchar en: http://goo.gl/UZMSfp.
29 Dice Macri: "Existe una migración descontrolada al avance del narcotráfico, al
    avance de la delincuencia, y seguimos trabajando para revertir la situación en el
    Parque Indoamericano y para que se recupere ese espacio público que es de
    todos. [...] Todos los días llegan 100-200 personas nuevas a la ciudad de Buenos
    Aires que no sabemos quiénes son porque llegan de manera irregular. El narco-
    tráfico, la delincuencia, en estos barrios en la ciudad de Buenos Aires no existían
    hace muchos años. [...] La Argentina no tiene respuesta a una política migratoria
    descontrolada, donde el Estado no se ha hecho cargo de su rol. Parecería que la
    ciudad de Buenos Aires se tiene que hacer cargo de los problemas habitaciona-
    les de todos los países limítrofes, o más allá [...], de Latinoamérica". (*Ibíd.*)

países limítrofes y el Perú. Los conductores del programa, identificados con esta última población emigrada, muestran –con
cierto sarcasmo– su disgusto por esta diferenciación de los
migrantes que se hace desde los medios.[30]

Se denuncia abiertamente al Intendente de la ciudad de
Buenos Aires por sus expresiones xenófobas y discriminatorias.
Al repetir el discurso de este dirigente político sólo con la cortina musical "Mal bicho" (de *Los Fabulosos Cadillacs*) de fondo,
no sólo se colocan en una posición de defensa de los migrantes ante aquellas acusaciones sin asidero, sino que manifiestan
su oposición a la corriente política que lidera el Intendente.
Lo interesante es que lo hacen únicamente reproduciendo sus
palabras y con la cortina musical, no con opiniones explícitas.

El tema central del programa del 23/06/2011 se refiere al
proceso de empadronamiento de ciudadanos extranjeros para
las elecciones de Intendente de la ciudad de Buenos Aires.[31]
Luego de investigar el tema, encuentran que la cifra de empadronados extranjeros (de todas las nacionalidades) en Capital
Federal es muy baja (12.200 aproximadamente), dada la cantidad de migrantes que vive en esta ciudad (no presentan cifras
exactas, pero tienden a mostrar que es un número muy alto).
La baja inscripción se explicaría porque no se publicita el tema
a través de los medios y porque los candidatos no ofrecen propuestas específicas dirigidas a los migrantes; esto sucedería
incluso entre quienes impulsaron el proyecto de empadronamiento de ciudadanos extranjeros. Ellos quisieran tener más
opciones de participación.

---

[30]   A: "[...] y si se va a hablar [del tema de la migración reciente a la Argentina procedente de España], [...] se lo va a manejar de otra manera en comparación con los
inmigrantes limítrofes, [...] pues a los inmigrantes europeos se los recibe bien
(*risa*) en comparación con los inmigrantes limítrofes [...].
B: Ahí me venía a la cabeza [...] la migración de 'buena calidad' y la migración de
'mala calidad', [...] cuando nos sindican a nosotros (bolivianos, peruanos, paraguayos) como los migrantes que estamos viniendo a sacarles el trabajo [a los
argentinos].
A: Es que en realidad somos la mano de obra barata y [eso ... les sirve] bastante a
los empresarios. Nosotros seguimos trabajando en pésimas condiciones". (*Ibíd.*)
[31]   En: http://goo.gl/1nAooY.

En síntesis, el migrante boliviano en Argentina, dados los temas centrales de los programas revisados, trabaja en una situación de vulnerabilidad y falta de reconocimiento de sus derechos laborales (en los talleres textiles), es "objeto" de un discurso y trato xenófobo por parte de autoridades y funcionarios que los califican de delincuentes y narcotraficantes, no puede participar plenamente del acontecer político. Frente a esto, y desde una postura desde la cual reivindican un discurso de identidad, denuncian el estado de cosas, reclaman el ejercicio de sus derechos y demandan reconocimiento contra la barrera de la discriminación.

En torno a "Bolivia"

En la propuesta literaria y los programas de radio, la Agrupación propone una mirada que, a veces implícita y otras explícitamente, apela a "Bolivia" a través de mitos compartidos y de un imaginario en torno a la ciudad de La Paz.

Al final de los programas se suele dar lectura de algún texto breve de autor boliviano; entre ellos, puede escucharse un párrafo seleccionado del texto "La leyenda de la coca", de A. Díaz Villamil –escritor e historiador paceño, de la primera mitad del siglo XX–. En un lenguaje poético, el texto escogido habla sobre los beneficios físicos y espirituales de la hoja de coca para las personas de tierras altas, a diferencia de las consecuencias que su consumo tendría sobre los conquistadores; la coca produciría distintos efectos según los orígenes e identidades de las personas: "Guarden con amor sus hojas, y cuando sientan dolor en su corazón, hambre en su carne y oscuridad en su mente, llévenla a su boca y con dulzura extraigan su espíritu que es parte del mío. Obtendrán amor para su dolor, alimento para su cuerpo y luz para su mente. Y aún más, observa el baile de esas hojas con el viento y obtendrás respuestas para tus preguntas. Pero si tu verdugo llegado del norte, el conquistador blanco, el buscador de oro, la tocara, sólo encontrará en ella veneno para su cuerpo y locura para su alma, porque su corazón está endurecido, como su espada y su vestido de hierro. Y cuando la coca, que es así como la llamarás, intente ablandarlo, sólo logrará romperlo, como los cristales de hielo, formados de las blandas nubes que destruyen las rocas y que demuelen las montañas".[32]

Según esta mirada, la hoja de coca –utilizada desde épocas remotas por los indígenas de las tierras altas de Bolivia- poseería virtudes que sólo pueden aprovechar las personas de esas tierras, a diferencia de los efectos casi mortíferos (es veneno y lleva a la locura) que ocasiona en el "verdugo llegado del norte, el conquistador blanco". La hoja de coca es el elemento que marca la diferencia entre colonizados y colonizadores; ella "sabe" cómo actuar en relación con la persona que la consume, se le da aquí un carácter animista. Y aunque la coca "intente ablandarlo, sólo logrará romperlo". Es decir, la coca es "buena" pero al ser consumida por el colonizador, no puede sino desvirtuarse su efecto. La dicotomía que plantea el texto reivindica tanto a la hoja de coca como a los indígenas y habitantes de las tierras altas en función de su "pureza" identitaria. Hay, en este sentido, una mirada esencialista y moralizadora de las identidades de pueblos originarios planteada en el *blog*.

Si bien aquí no se habla de "Bolivia", se propone una visión idealizada de un recurso de consumo habitual entre los habitantes del altiplano que, por los efectos "benéficos" que provocaría, se deduce que son de "buen corazón", sacrificados y pobres (pasan hambre). La hoja de coca puede aliviar sus penas y su hambre y dar claridad a sus pensamientos; al ser un elemento de uso cotidiano, es también una "compañía".

En otro programa se da lectura a un texto sobre "nuestra querida y añorada" ciudad de La Paz, aparecido en la *Revista Crisis* Nº 5 (junio/julio 2011), que dice:

---

[32] Programa del 12/05/2011 disponible en: http://goo.gl/UZMSfp.

"La Paz encubre sus formas de día y las revela de noche, mientras unos huyen de su jornada y otros bien empilchados inician su complicidad nocturna. Las parejas se esconden sin esconderse y otros se buscan en el desorden armónico que nos permite sumergirnos en la paz de la ciudad. Minibuses que te llaman con los gritos de los voceadores y de las voceadoras, canto de calles que dicen sin decir nada en sincronía con el ritmo de los bocinazos. La ciudad se mueve moldeándose constantemente a la par de sus habitantes, pero sin avasallarte, más bien articulándote y entendiéndote. Las *caseras*[33] envueltas en el frío perpetuo recalculando la venta del día y las luces de ciudad que las rodean. La urgencia con la que el micro vuela para comer una *salchipapa* con *llajwa*[34] que hace despertar borrachos. Con sus calles accidentadas y estrechas, sofocadas por el entramado de los edificios, con las casitas de techo de calamina rascando el cielo. Situaciones que generan esta necesidad de perdernos en la vorágine de emociones y lugares que nos hacen creer que todo sigue, pese a tanta soledad".[35]

El texto reivindica la cotidianeidad de la vida en la ciudad de La Paz: sus calles estrechas en el centro y las laderas, sus edificios y sus casas con techos de calamina, los minibuses con "voceadores" que van avisando hacia dónde se dirigen, el caos del tráfico, las caseras que venden desde un plato de comida hasta dulces, remedios caseros, medias y cigarrillos, los platos típicos siempre con ají. Para quien conoce la ciudad de La Paz es fácil reconocer todos estos personajes y elementos a que se hace referencia y que dan una imagen de la vida cotidiana paceña.

Se advierte un sentimiento de nostalgia de la ciudad en el párrafo, que la recuerda con cariño, pena, ilusión. Se extraña e idealiza la ciudad dejada (no hay referencia a Bolivia, sino

---

[33] *Casera*: nombre que se da a la vendedora ambulante o que tiene un puesto de venta en el mercado.

[34] *Salchipapa*: plato típico a base de papas fritas y salchichas. *Llajwa*: salsa picante a base de tomate, locoto (ají picante) y quirquiña (hierba), que se usa para agregar sabor a prácticamente todos los platos.

[35] Programa del 23/06/2011 disponible en: http://goo.gl/1nAooY.

al ámbito más cotidiano de vida, con sus comidas,[36] sus personajes, sus territorios, su trajín), así como la impronta indígena del altiplano y lo reconocido como histórico y culturalmente propio (el consumo de hoja de coca, por ejemplo).

Un poco de historia

El *blog* de la Agrupación Simbiosis Cultural se creó a principios de 2009, cuando comenzó a fortalecerse el grupo en torno al proyecto radial y editorial, y dejó de actualizarse en 2011. En sus orígenes tuvo un vínculo con el sitio web http://www.juventudboliviana.com.ar que, al crearse el *blog* dejó de actualizarse y ya no existe. El cierre de "Juventud boliviana" fue la culminación del logro de un objetivo: generar el encuentro de jóvenes bolivianos que estuvieran motivados por "discutir" sus historias y orígenes y sus identidades como bolivianos en Argentina. Los jóvenes que se sintieron convocados por esta propuesta en general estaban vinculados de algún modo al trabajo en los talleres textiles. Se trataba de generar un

> "[...] espacio de referencia para los chicos que no querían entrar en el circuito 'taller-cancha de futbol-boliche bailable', sino que buscaban un refugio y hasta una forma de comunicación con lo que habían dejado atrás: su familia, amigos y hasta pareja."[37]

En esos años, 2007/2008, no había páginas de Internet que tocaran estos temas. La página "Juventud Boliviana" –que no se pensó como un instrumento de difusión de una organización

---

36 Los conductores del programa conversan sobre comida típica regional, con mucho entusiasmo:
"A: ¿Hace frío, no? Yo quiero ir a comerme un caldito de pollo.
B: ¡Ay!, yo un chairito. ¡Qué rico!
A: O un chairito con llajwa...
B: O una sopita de fideo con maní...
A: ¡También!". (*Ibíd.*)

37 Entrevista con un miembro de la Agrupación Simbiosis Cultural.

de la colectividad– fue producto de unas pocas personas más o menos aficionadas y un instrumento para poder localizar y establecer vínculos con otras agrupaciones juveniles.

En esos espacios de encuentro de manera más o menos consciente se discutió en torno a los significados de ser bolivianos jóvenes, migrantes o descendientes de migrantes, en Argentina; la relación con distintas organizaciones de la colectividad boliviana en Buenos Aires y la necesidad de construir una agrupación propia, así como los lazos posibles con organizaciones en Bolivia; el trabajo en los talleres textiles en términos de la reproducción de un círculo vicioso que legitima la sobrexplotación laboral; los imaginarios en torno a Bolivia, que se plasmaron en ciclos de cine y la Biblioteca Popular Boliviana; la legitimidad de la demanda del voto de los bolivianos en el exterior y el espacio de disputa política generado al interior de la colectividad en torno a este tema. En este proceso de formación de un colectivo con una identidad en discusión –y, finalmente con un proyecto político, cultural y social–, Internet fue un medio clave para encontrar personas con intereses similares e incluso como espacio para debatir sobre sus identidades como bolivianos en Argentina, sus expectativas, sus deseos, sus recuerdos y sus imaginarios de pasado y futuro, y para vincularse con otras asociaciones en Bolivia. La agrupación que surgió de estos encuentros se convirtió, además, en un ámbito de reflexión en torno al trabajo de los migrantes, especialmente en los talleres textiles desde una posición de crítica al sistema, que también incluye a dirigentes y asociaciones de la colectividad, algunos de los cuales tienden a ocultar esas condiciones de trabajo.

La Agrupación es un proyecto político, cultural y social que se cuestiona y replantea asuntos que se ven como "naturales" en términos de las identidades, el trabajo, la situación en general de los migrantes bolivianos en Argentina, desde una mirada flexible y compleja. Un entrevistado nos decía:

"Una identidad es un proceso de construcción, [...] no es algo fijo, y por eso nuestra pelea o nuestras diferencias con los chicos que se sienten comunitarios o se sienten originarios. Porque ellos te dicen: 'vos tenés que reconocer tu identidad', y [yo respondo:] 'Flaco, mi identidad la voy construyendo, no es que por haber nacido allá o porque mis abuelos fueron indígenas, yo soy originario. Yo la voy construyendo".

Y cuando le preguntamos por las organizaciones que se asumen como quechuas o aymaras, y aunque sus miembros son oriundos de Bolivia no reivindican su "bolivianidad", nos dice:

"Se tapan estas [identidades, como la boliviana], que están mal vistas. Acá ser aymara no está visto como [en Bolivia; no se ve con] esos prejuicios. Pero si es boliviano, sí. Entonces le conviene pasar más por aymara. Por eso, esto es un proceso. [...] Esta [persona boliviana] que está acá, no hubiese sido la misma si hubiese seguido viviendo en Bolivia: por lo tanto, ¿de qué identidad hablamos? ¿Hay una identidad boliviana? Si cuando voy a Bolivia soy un extranjero más, un *gauchito* me dicen allá, y cuando estoy acá, no, yo soy boliviano. [...] En realidad soy aymara pero mi abuelo también era español y, entonces, ¿qué soy? En lugar de preguntarme qué soy por mi árbol genealógico, me pregunto qué soy por lo que estoy haciendo y por lo que me construyo y por lo que me proyecto. Por eso se trata de un proceso de reconstrucción, formación y consolidación de varias cosas. Por eso la Agrupación es una propuesta política, una propuesta cultural y social."

Un punto de inflexión en el proceso de reconstrucción de la identidad como bolivianos migrantes fue el incendio del taller textil del año 2006, que cada año hasta el día de hoy se sigue recordando. La tragedia no sólo dejó en evidencia las condiciones en las cuales vivía y trabajaba un sector de los bolivianos migrantes, sino que hizo que el gobierno nacional tomara acciones contra los talleristas. Los trabajadores fueron los más perjudicados, tanto por la sobrexplotación como por la persecución a los talleristas, que los dejó sin trabajo y en peores condiciones. De acuerdo con la Agrupación, ni el gobierno boliviano ni las organizaciones de la colectividad tuvieron una acción solidaria efectiva con estos trabajadores (ni iniciaron gestiones para conseguirles una vivienda transitoria –ya que cuando se cierra un taller no sólo se pierde el trabajo sino también la vivienda– ni para ayudarlos con un proceso inmediato de documentación),[38] si bien valoran positivamente la repercusión del Programa de documentación Patria Grande que implementó el gobierno argentino por aquel entonces. El tema de la explotación laboral en los talleres textiles es el eje que orienta la acción de la Agrupación.

Algunas consideraciones en torno a las representaciones de la diáspora en el blog

En el *blog* se destacan las experiencias de los migrantes bolivianos asociadas a la condición de ser también trabajadores en talleres textiles, desde una postura crítica que pone de relieve las relaciones de poder dentro de los talleres, y de la colectividad, donde los costureros se encuentran en una situación de gran indefensión, mientras que los talleristas e intermediarios sacan provecho de ella. Frente a estas jerarquías y distancias

---

[38] "[Las organizaciones de la colectividad] en lugar de [aprovechar la oportunidad] para que se [...] mejoren esas condiciones de trabajo, [hicieron] 3 ó 4 marchas importantísimas diciendo: 'no cierren los talleres', 'basta de esta política de exclusión cerrándonos los talleres (en los cuales explotamos)'. Todo esto es a través del manejo de los medios. Todas las organizaciones [de la colectividad] son presionadas para no hacer nada, y no hacen nada por la presión que ejercen los medios [sobre ellas], y los talleristas sobre los medios. [...]. Hay 23 radios bolivianas en Capital Federal y parte del Gran Buenos Aires que pertenecen a bolivianos o tienen la programación entera de bolivianos. 4 ó 5 son muy importantes, y tienen un claro discurso dirigido a 'la colectividad', no al taller o al trabajador. Cuando se producen los allanamientos a los talleres, estas radios trastocan el discurso y dicen: se está atacando a la colectividad, no a un trabajo donde se explota a otro boliviano. [Después del incendio en el taller], las organizaciones (que organizaron a mucha cantidad de gente) empezaron a pedir que no se clausuren más los talleres, que no se investigue a los [responsables]". (Entrevista a un miembro de la Agrupación Simbiosis Cultural).

entre migrantes, la Agrupación asume una posición de defensa de los migrantes desfavorecidos, a partir de mantener viva la memoria y la reflexión sobre cómo se trabaja en los talleres y reclamar justicia.

En cuanto al imaginario sobre Bolivia, que está asociado a la vida cotidiana en ciudades andinas como La Paz, a lo marginal y al peso de los mitos y los pueblos originarios, las representaciones provienen sobre todo desde la literatura. Lo "boliviano", aunque en el *blog* no se haga una referencia explícita y se haya evitado un nombre donde quedara clara la "bolivianidad" de origen, está asociado a lo andino.

Desde un punto de vista de "construcción institucional" en la diáspora, la Agrupación no pretende representar a la colectividad, sino vincularse críticamente con otras asociaciones representativas. Y en buena medida su creación estuvo signada por no sentirse representados por ninguna organización de la colectividad. La Agrupación pretende llegar a los migrantes empleados en talleres textiles. Saben que por Internet pueden conectarse con otros bolivianos en otros lugares, pero para ellos lo más importante es que los costureros conozcan sus derechos. En este sentido, el uso de las TIC puede servir para conectarse con otras asociaciones o colectivos, especialmente en Bolivia para poder llegar con un mensaje de advertencia sobre el trabajo en los talleres entre quienes están pensando instalarse en Buenos Aires para trabajar en ellos.

Es notable la "conciencia" que tiene este grupo sobre sí mismo, sobre su construcción, sus proyectos, sus metas. ¿Esto significa que la Agrupación se reconoce como parte de una diáspora? Es posible decir que efectivamente se reconoce como parte de un movimiento mayor de migrantes a nivel mundial, donde los trabajadores y las personas en situación de carencia socioeconómica son lo central y marcan el curso de la migración global. Sus problemas no son únicos y los comprenden en el marco más amplio del fenómeno migratorio, que comentan en sus programas radiales, y buscan establecer puentes con migrantes de otros países. Asumen su identidad como bolivianos de un modo complejo, cuestionando los lazos dentro de la colectividad pero sin negarlos. Quieren ser reconocidos como bolivianos en Argentina, sin conceder espacios a la discriminación, el abuso y la explotación, enfrentando estos problemas desde un lugar de contención en el que se problematiza los significados de ser boliviano en Argentina desde una mirada joven.

4

La identidad cultural como participación festiva

En este capítulo analizo el sitio web de la Fraternidad Tobas Bolivia, grupo de danza compuesto por jóvenes bolivianos y descendientes de migrantes bolivianos en Buenos Aires. La danza toba es una expresión cultural de grupos étnicos que originalmente vivían en la zona del Gran Chaco que comparten Bolivia, Argentina y Paraguay, e incluso en la actualidad constituyen un número considerable sobre todo en Argentina –cerca de 69.500 personas se consideraban toba o descendientes de tobas en primera generación en 2005–.[1] Fraternidades de tobas pueden verse en importantes fiestas en Bolivia –como el Carnaval de Oruro, la Fiesta del Señor del Gran Poder y la Entrada Universitaria en la ciudad de La Paz, o la de la Virgen de Urkupiña en Cochabamba–, y están compuestas por personas muy jóvenes, pues es un baile que exige un gran esfuerzo físico.

Considerando que las fiestas patronales y nacionales que los migrantes bolivianos celebran son momentos clave de reivindicación de sus identidades colectivas, exploré las representaciones *on line* de la fiesta en el sitio web http://www.tobasbolivia.com.ar y cómo la participación en la Fraternidad y en las fiestas genera un sentido de pertenencia a la colectividad desde los preparativos, que llevan casi todo el año y que consisten en ensayos periódicos y participación

---

[1] INDEC (2005).

en fiestas de menor impacto.[2] Así, no sólo el momento de la presentación formal de la Fraternidad en la fiesta es importante, sino todo lo que se desarrolla previamente, que requiere tiempos y espacios en los que va construyendo y realimentando el sentido de pertenencia tanto a la Fraternidad como a la colectividad boliviana.

La danza toba representa el espíritu guerrero de las etnias que habitaban la región del Gran Chaco y la actividad de la caza que realizaban. En el período anterior a la colonia, las relaciones entre las etnias andinas –especialmente los quechuas– y las amazónicas eran de dominación y resistencia: en sus avances en la región del Gran Chaco y la Amazonía, los quechuas tomaban prisioneros a los *ch'unch'us,* nombre que los aymaras dieron a estos pueblos guerreros y a su danza y que luego rebautizaron como tobas –que era el nombre de una de las etnias de la región–. La danza consiste en saltos acrobáticos que requieren gran energía; no supone sólo el conocimiento de las coreografías, sino que requiere entusiasmo y resistencia física.

La Fraternidad, creada en 2006, está compuesta por más de 100 bailarines divididos en diversos bloques, cada uno de los cuales tiene al menos cinco miembros. Esos bloques representan distintas jerarquías, roles y etnias en la Fraternidad: los Ch'unch'us Araonas, los Brujos, Los Tobas Tarijeños, los Babashodi, etcétera. El grupo hizo su primera presentación en el año 2006 y más tarde inició el proyecto del sitio web, que lamentablemente ya no está disponible porque cuando se comenzó a utilizar *Facebook,* la red social hizo más ágil el funcionamiento del grupo y se dejó de actualizar el portal, que finalmente se cerró.[3]

---

2   Vale la pena aclarar que no hago un análisis de *la fiesta,* sino de sus representaciones en relación con el sentido de comunidad en la diáspora en Internet. Para complementar este análisis presencié dos fiestas de la colectividad boliviana en Buenos Aires, una en Luján y otra en el Barrio Charrúa, en agosto y octubre de 2009, respectivamente.

3   Los pocos jóvenes que comenzaron el proyecto de la Fraternidad armaron la página web aquí analizada para difundir su propuesta e invitar a sumarse a la Fraternidad. El sitio web habría sido útil sobre todo al principio, al igual que los espacios que también inicialmente utilizaron para colgar fotos de la Fraternidad

La Fraternidad Tobas Bolivia se reconoce como un grupo de personas unidas por sus vínculos con Bolivia y que aspira a "representar" la diversidad de su cultura. Fue creada por un grupo pequeño de jóvenes estudiantes pertenecientes a la colectividad boliviana en Buenos Aires (nacidos en Bolivia algunos y otros en Argentina), cuyo objetivo principal era recuperar y redescubrir sus "orígenes" como bolivianos mostrando la diversidad cultural del país de origen;[4] el desafío era hacerlo al mismo tiempo que aprendían la danza y se ganaban un espacio dentro de la colectividad. Su identificación como bolivianos se produce desde un "lugar" particular: son migrantes antiguos aún siendo muy jóvenes –y por lo tanto tienen un fuerte arraigo en el país de residencia, que también es su país– o nacieron en Argentina, país de destino de sus padres migrantes, y mantuvieron un vínculo fuerte con Bolivia.

La Fraternidad –además de ser un equipo que baila profesionalmente la danza toba– se considera como una gran familia y se ve como un grupo de contención para muchos migrantes o descendientes de migrantes bolivianos, todos muy jóvenes (tienen entre 15 y 23 años de edad). No se trata de un mero grupo de baile. Los lazos de amistad, el sentimiento de familiaridad, la contención que brinda el grupo y la solidaridad que se alienta cuando alguno de los miembros tiene un problema personal son aspectos muy importantes en esta Fraternidad, así como los valores, el aprendizaje y el trabajo duro y esforzado para perfeccionarse como grupo de danza. Aspiran a ser, además, un espacio de inclusión en torno a la recuperación de una cultura que sienten propia a pesar de estar lejos de Bolivia, cultura que valoran y que fundamenta el vínculo entre los

---

en ensayos y presentaciones (ver http://goo.gl/aTDqHb, aún disponible). En *Facebook* es posible ver de manera resumida los objetivos e historia de la Fraternidad (en: https://goo.gl/cZd2W2).

4   Se presentan como jóvenes estudiantes y trabajadores vinculados a la colectividad boliviana, pero no como migrantes. Varios de los jóvenes miembros del grupo han nacido en Bolivia pero emigraron hacia Argentina siendo niños pequeños, otros han nacido en Argentina y sus padres son bolivianos; también hay jóvenes migrantes más recientes.

miembros del grupo. Estos lazos y la mirada sobre sus orígenes y pertenencias los "contienen" y le dan un sentido diferente a la diáspora. La actividad que desarrolla la Fraternidad implica una oportunidad de mostrar la "cultura boliviana" y "lo boliviano" en Argentina lejos de los estigmas de la discriminación y la victimización, de la explotación laboral, la sumisión y la pobreza. El "cambio" que busca este colectivo supone también construir un espacio desde el cual sentir y expresar el orgullo de ser parte de la "cultura boliviana" y de reivindicar los "orígenes", tanto frente a la colectividad boliviana como a la comunidad argentina.

Entre los objetivos del grupo, aunque no estén explicitados de ese modo, figuran: aprender y difundir la danza toba como expresión de la cultura boliviana; redescubrir "los orígenes" culturales de los jóvenes bolivianos y sus descendientes en Argentina a través de esta danza; estrechar, en este proceso, lazos de amistad y ser un espacio de contención para este grupo de jóvenes; cambiar la situación de estos jóvenes a partir de la recuperación de valores y de una identidad cultural particular. Además, se plantea como objetivo explícito: "difundir la diversidad étnica a través de la danza", dejando abierto el espacio a personas de otras nacionalidades, aunque éstas debieran tener un compromiso con "nuestros orígenes".

En el sitio web se encontraba una historia de la danza y los significados de los distintos bloques, la difusión de las presentaciones públicas de la Fraternidad, fotografías y videos de los eventos en los que participaban, lugares y fechas de ensayo. A diferencia de los espacios *on line* analizados en los anteriores capítulos, éste utilizaba primordialmente el recurso de las fotografías y los videos. Desde hace algunos años, la Fraternidad utiliza *Facebook* para actualizar información, subir fotos con rapidez y comunicarse entre los miembros y con otras agrupaciones y personas interesadas en sus actividades. *Facebook* hoy es el principal instrumento y espacio de comunicación, información e intercambio de opiniones y comentarios para este grupo. Es en esta red como espacio social donde el grupo mantiene una dinámica comunicativa frecuente, intercambia información, se alientan mutuamente, se reconocen y se ve el funcionamiento cotidiano del grupo. Esto sucede con la mayoría de los grupos que inicialmente tenían una página web, como es el caso de Simbiosis Cultural. Además, a través de *Facebook* se relacionan con otros grupos que bailan la danza toba u otras en diferentes ciudades y países.[5] Esa comunicación les permite hacer intercambios "artísticos": por ejemplo, cuando una Fraternidad de Caporales realiza una peña, la Fraternidad "Tobas Bolivia" baila y, viceversa, la de Caporales lo hace cuando es "Tobas Bolivia" la que convoca.

También utilizan *YouTube* para difundir sus presentaciones. La gran mayoría de los videos, subidos en general por miembros de la Fraternidad, son presentaciones del grupo en fiestas patronales de la colectividad en Buenos Aires (en los barrios donde residen más migrantes, como Charrúa o Villa Celina, o en Luján); también se encontraron videos relativos a la participación desde 2010 en el Carnaval de Oruro como "Bloque Buenos Aires" de la Fraternidad "Tobas Central" en Bolivia. Otros videos muestran los ensayos.

La facilidad con la que hoy es posible hacer un video de tipo casero o tomar fotografías con un celular y subirlas de manera instantánea a Internet hace que haya una "sobre producción" de videos. Esto se apoya, además, en la juventud de quienes los hacen, pues los jóvenes están familiarizados con las nuevas tecnologías y es parte natural de su vida compartir con imágenes lo que hacen, piensan u opinan.

Representaciones de la diáspora en el sitio web

Los miembros del grupo tienen en común su juventud, sus vínculos y compromiso con Bolivia, el interés por mostrar en Argentina parte de su cultura –y no cualquier "parte", sino el

---

5   En Córdoba y Salta, en Argentina; también mantienen contacto con otras Fraternidades en España, Suecia y Estados Unidos.

lado guerrero de los pueblos originarios de Bolivia– y la diversidad cultural del país de origen, la fe religiosa, el entusiasmo por la danza.

Uno de los factores que habría alentado el proyecto de la Fraternidad es la significación que tiene para estos jóvenes el Carnaval de Oruro, evento al que varios de ellos concurría individualmente –de hecho, desde 2010 la Fraternidad baila en el Carnaval de Oruro–. La fuerza de esta festividad "cultural religiosa", en la que participan, entre muchos otros, grupos de danza toba, los motivó para difundir esta danza en Argentina. Para participar del grupo se pide entusiasmo por aprender y por bailar y "devoción hacia la cultura, el folklore y nuestros orígenes".

Estos jóvenes asumen una posición que parte por reconocerse como miembros de la colectividad boliviana en Argentina. Desde ese "lugar" se hace un llamado a todos aquellos que quieran conocer la diversidad étnica y cultural de Bolivia y la "cultura boliviana", sin distinción de nacionalidad, a participar de manera entusiasta y "devota" –nótese el contenido religioso de este término– en la Fraternidad. Dados los objetivos de la misma, sus jóvenes miembros estarían buscando de manera consciente reforzar su identificación con una cultura reelaborada en la diáspora. Quiero decir que al llegar de Bolivia siendo niños o al haber nacido en Argentina en el seno de familias migrantes bolivianas, aquello que es identificado como "cultura boliviana" –de la cual la danza toba forma parte–, es aprendido *en* la diáspora. El rol de la familia y de la colectividad en esta construcción cultural en la diáspora parece clave. ¿Cómo se transmite el sentimiento de pertenencia a una colectividad en la diáspora a los descendientes ya nacidos en otro país? ¿Cómo se logra que ellos se identifiquen con aquella cultura aprendida fuera del territorio de origen y estén motivados para representarla, reelaborarla y asumirla como propia? ¿Qué procesos identificatorios ocurren?

Por otra parte, se insiste en la búsqueda de los orígenes culturales y religiosos desde una mirada que reivindica la diversidad étnica y la danza. Así, se experimenta la actividad de la danza y la participación en la Fraternidad como pertenencia, que alude a un pasado originario, a valores y a culturas diversas (nacional, regionales, étnicas), a la posibilidad de cambio que esa pertenencia viabiliza (para los migrantes jóvenes y los descendientes) y a la transformación de un "deseo" (de recuperar orígenes, de reivindicar una identidad cultural) en "realidad" asumida y practicada física y emocionalmente.

La aceptación de la Fraternidad por parte de la colectividad boliviana en Argentina se reivindica como un logro, ya que el grupo quiere ser reconocido *dentro* de la colectividad.[6] ¿Ser considerados "bolivianos" por los migrantes bolivianos más antiguos, por los nacidos en Bolivia? Desde su perspectiva, han ganado este reconocimiento con el trabajo y el compromiso en las presentaciones realizadas en fiestas de la comunidad boliviana y en otras a las que la Fraternidad concurre desde 2006. Podría pensarse que la constancia, el apego a valores y el trabajo "profesional" que realizan han tenido sus frutos: ser aceptados como parte de la colectividad boliviana en Argentina.

También se considera un logro que la Fraternidad haya generado una alternativa para la juventud vinculada a la colectividad, a partir de una actividad que entretiene pero que a la vez implica responsabilidad con el grupo y trabajo en equipo para representar cada día mejor la danza toba y, por tanto, la cultura diversa de Bolivia. La Fraternidad generó un espacio

---

6   Sin embargo, también puede haber tensiones o ambigüedades con la colectividad organizada, pues las Fraternidades "negocian" los espacios de participación, es decir, en qué lugar "entran" en las fiestas. Esas negociaciones muchas veces generan tensiones, pues, por ejemplo, cuanto más tarde sea la entrada del grupo, probablemente más peligroso e inseguro se vuelva el lugar y las condiciones para bailar y festejar cambian. Las distintas asociaciones que organizan las fiestas también tienen disputas internas que se expresan en estos eventos o en la organización de los mismos. Esas disputas están asociadas a los posicionamientos y juegos de poder entre distintos niveles de autoridad e influencia dentro de la colectividad; la distancia entre los más jóvenes o los "nuevos" migrantes y quienes tienen mayor antigüedad y dirigen las organizaciones de la colectividad, por ejemplo, puede ser un factor de tensión.

de encuentro a partir del cual estos jóvenes "recuperaron" una historia, una memoria vinculada con sus orígenes culturales, una parte de su identidad como bolivianos.

La "identidad boliviana" como diversidad y complejidad cultural

Este es un tema reiterado en los textos que forman parte del sitio web. El énfasis puesto en la vestimenta también está relacionado en la medida en que los trajes representan distintos grupos dentro de la etnia toba y distintas funciones y niveles de autoridad dentro del grupo, según se dice en el sitio. Así, por ejemplo, los "Brujos" serían los intermediarios entre los bailarines y el mundo espiritual.

En la exposición que se hace de la historia de la danza, se plantea el tema de la resistencia de las etnias orientales de la región del Chaco boliviano al inca y a los quechuas. Allí se habla de una relación de dominación y resistencia entre la cultura andina y la Amazonía, región en la que se ubica la etnia toba. Con la República, los aymaras emigrados a las ciudades de La Paz y Oruro se habrían apropiado de la danza de las etnias "selváticas" de la Amazonía, dando el nombre de tobas a los que originariamente eran llamados *ch'unch'us* por ellos. De esa apropiación también emergieron las máscaras de madera adornadas con plumas, llamadas *tacana*, que identifican a los tobas. El resto de la vestimenta es muy sencilla y liviana para permitir la libertad de movimiento que requieren los saltos acrobáticos propios de esta danza.

Según esta descripción, la danza toba sería resultado de la tensión entre la pretensión de dominación de quechuas y aymaras de expresiones culturales del oriente y la resistencia de una cultura minoritaria en relación con las andinas frente a esos intentos de dominación. Es interesante que se la entienda como una "apropiación" en el plano cultural de lo que no se pudo dominar políticamente.

¿Qué dice todo esto de la "identidad como bolivianos"? Creo que se intenta mostrar hacia la sociedad argentina la complejidad, historia y antigüedad del "tejido" pluri-cultural boliviano. La explicación de las diferencias, incluso dentro de las culturas orientales, y la mención de la relación de tensión que históricamente han tenido con las etnias ubicadas en la región occidental andina son dos aspectos que destacan en los textos y que parecieran apuntar a mostrar que la "cultura boliviana" es compleja y diversa, donde los grupos de origen andino (de donde proceden mayoritariamente los migrantes bolivianos en Argentina) mantienen relaciones de tensión y conflicto con otras culturas dentro de Bolivia. Se trataría de mostrar que no todos los bolivianos son iguales, que no todos tienen una misma posición de "poder cultural", que existen tensiones históricas entre distintas culturas dentro de Bolivia, que hay un espíritu guerrero en culturas minoritarias que enfrentan a las mayoritarias, que existe una apropiación cultural por parte de unos sobre otros, etcétera. Todas estas cuestiones que derivan de la lectura de los textos del sitio web pueden pensarse también como metáfora de la relación entre el grupo minoritario de migrantes bolivianos en la Argentina (así como los integrantes de la etnia toba en Bolivia) y sus interlocutores argentinos. ¿Cómo viven la relación con una sociedad en la que están insertos pero con la que también tienen tensiones?

¿Y qué dice todo esto de la "identidad como bolivianos" hacia la propia colectividad boliviana en Argentina? La Fraternidad se posiciona dentro de la colectividad boliviana en Argentina, pero diferenciándose de una orientación más "conservadora", mostrando al interior de la colectividad que existen diferencias generacionales, pero que ello no impide que se respeten los valores tradicionales y la fe y devoción que son parte fundamental de las festividades en Bolivia. Al mismo tiempo tienen una actitud de apertura que se expresa incluso en la elección de la danza, pues en Buenos Aires son pocas y de conformación reciente las Fraternidades de tobas. La elección de una danza que representa etnias del oriente y del Gran Chaco boliviano (cuando la mayoría de los migrantes bolivianos a la

Argentina proviene de la región occidental de Bolivia) también intenta reivindicar la diversidad que Bolivia significa para estos jóvenes. Identificarse como bolivianos pero diferentes parece ser la intención al mostrarse tanto hacia la sociedad argentina como hacia la colectividad boliviana. De allí que la *whipala* que aparecía en la Página de Inicio, y que en un principio parecía un elemento extraño porque no es específica de las culturas del oriente como la toba, adquiere sentido dado el origen mayoritario de los migrantes bolivianos.

Asimismo, la Fraternidad muestra a la sociedad de Buenos Aires una cuestión que pasa desapercibida, y es que en Argentina la población de origen toba es considerable numéricamente, pero no tiene visibilidad en la ciudad. Aunque la Fraternidad no hace un planteo político en relación con el abandono en que viven estos pueblos en Argentina y más bien muestra la riqueza cultural a través de su danza y su vestimenta, los hace "existir" en Buenos Aires.

El énfasis en la vestimenta –que los mismos danzarines confeccionan– tiene que ver con el impacto que pretenden causar en el público.[7] En general, las distintas Fraternidades de la colectividad boliviana (de caporales, morenadas, etc.) dan importancia al vestuario, cuya particularidad no sólo "habla" de cuestiones puntuales relativas a la danza, sino que muestra el nivel socioeconómico del grupo. En el caso de los toba, impacta el uso de plumas y máscaras que representan funciones específicas dentro del grupo o de la etnia.

Las fotografías que acompañan las distintas páginas del portal muestran a los bailarines con sus diferentes atuendos representando diversas etnias, regiones y roles dentro del grupo toba. Aparecen bailando con sus trajes y máscaras típicos, sumamente llamativos y que evidencian un gran trabajo de elaboración. La vestimenta simboliza la región y sus animales y el

---

7   Las telas y máscaras muchas veces son traídas desde Bolivia, pero las prendas las confeccionan en Buenos Aires. Algunos miembros de la agrupación tienen experiencia en confección (porque trabajan o trabajaron en talleres textiles) y enseñan al resto. La tarea de hacer los trajes se reparte en el grupo.

carácter guerrero y cazador del grupo y las máscaras representan niveles de autoridad dentro del grupo; suelen llevar lanzas y arcos como accesorios del vestuario. Las máscaras y el vestuario representarían, junto con los distintos pasos de baile, la diversidad sociocultural de las etnias de la región.

La Fraternidad, ¿se percibe como parte de la diáspora?

De lo analizado en los distintos textos en el sitio web, emergen algunos temas que hacen referencia a una "conciencia de diáspora" y que puntualizo a continuación:

1. La Fraternidad se presenta como "agrupación de danza folklórica", cuyos integrantes, en su inmensa mayoría, son jóvenes nacidos en Bolivia o descendientes de bolivianos residentes en Argentina, que además de bailar y entretenerse en sus momentos de ocio, buscan acercarse a sus "orígenes".
2. La narración sobre la creación del grupo destaca el entusiasmo de los organizadores por presentarlo de manera profesional y la intención de mostrar la diversidad cultural de Bolivia, enfatizando tanto en el significado cultural como en el sentido religioso propio de las fiestas de la colectividad boliviana en las que se presenta el grupo.
3. La agrupación plantea los objetivos de recuperar una "cultura propia", difundir su diversidad y ampliar la proyección de la colectividad boliviana radicada en Argentina.
4. Se destaca el respeto ganado al interior de la colectividad boliviana y por otras entidades argentinas de carácter cultural y ser una opción alternativa para los jóvenes migrantes que buscan una actividad de ocio, pues en la Fraternidad bailan pero también trabajan en equipo, intentando aumentar su profesionalismo y en función de valores. Estos logros son el fruto de la disciplina y la responsabilidad para realizar una actividad que es a la vez

de entretenimiento, encuentro, "rescate" de una cultura de origen, aceptación y demostración de la diversidad y se alcanzan gracias al trabajo en equipo.

5. La Fraternidad se presenta en el Carnaval de Oruro desde 2010. Inicialmente lo hizo como "Bloque Cazadores – Buenos Aires", y allá los denominaban "Los gauchos". En 2012, según se pudo observar en *Facebook*, participó como "Bloque Buenos Aires" de la "Fraternidad Tobas Central de Bolivia". El haber logrado bailar como "Bloque Buenos Aires" de una Fraternidad radicada en Bolivia, nada menos que en el Carnaval de Oruro (la fiesta en la que todas las agrupaciones de danza aspiran participar), es un logro importante para los integrantes de la Fraternidad, pues los legitima tanto en Bolivia, aún siendo algunos argentinos hijos de bolivianos, como hacia la colectividad de migrantes.

6. La agrupación está conformada por personas con lazos con Bolivia pero diversas en términos de vida laboral y social, cuyo vínculo central se produce "sólo por la danza", como se aclara en el sitio web. Esta aclaración parece estar dirigida a despejar dudas en torno a que la Fraternidad tenga otros intereses, evitando que se le adjudique intenciones, por ejemplo, de tipo político.

Todos estos asuntos construyen lo que hemos definido como "conciencia de diáspora", porque muestran el deseo y la clara voluntad de pertenecer a la colectividad boliviana, para lo cual la Fraternidad realiza acciones precisas en el plano cultural que ratifican y actualizan dicha pertenencia, lo que al mismo tiempo les permite reflexionar sobre ella y reelaborarla.

La participación festiva: Algunas notas sobre dos fiestas de residentes bolivianos en honor a la Virgen de Copacabana (Charrúa y Luján 2009)

En ambas fiestas patronales participó la Fraternidad Tobas Bolivia.[8] Sin embargo, en lo que sigue intento hacer una breve descripción del contexto de la fiesta como ámbito donde se reproduce "un poquito" de Bolivia. Se trata de un evento excepcional para el que las Fraternidades se preparan buena parte del año. En estas ocasiones ellas expresan algo más que el entusiasmo de participar en una fiesta: expresan la diversidad cultural de Bolivia a través de la danza, se muestran como parte de la colectividad boliviana en Buenos Aires, manifiestan su fe religiosa, se identifican y congregan como bolivianos. De allí que la fiesta sea un momento en el cual los migrantes bolivianos se constituyen como diáspora.

La Fiesta en honor a la Virgen de Copacabana en el Barrio Charrúa (octubre de 2009)

Desde el mediodía la gente se iba acercando de a poco a la fiesta, que se desarrollaba en la Av. Fernández de la Cruz en el Barrio Charrúa (a la altura de la cancha del club de fútbol de San Lorenzo). Sobre los dos lados de la Avenida, hileras de personas formaban una suerte de "pasillo" esperando ver la entrada de las Fraternidades y sus bandas de música.[9] En las veredas se colocaron puestos de comida y pequeños "restaurantes" improvisados, donde había parrillas y hornos, con sus respectivas garrafas, mesas y sillas debajo de unos toldos para protegerse del sol, y donde podía encontrarse también comida típica boliviana, desde *anticuchos* hasta *salteñas*, *fricasé* y

---

8   Fotografías y comentarios sobre la presentación en la fiesta en el Barrio Charrúa en octubre de 2009, y en años posteriores, pueden verse en: https://goo.gl/iUSxsW.

9   Luego de danzar por varias calles, las Fraternidades finalizan en la entrada de la iglesia en pleno corazón del Barrio Charrúa. En total, podía verse conjuntos de danza y bandas de música a lo largo de unas 10 cuadras.

chicharrón, mote, distintos tipos de papa y ají. También se vendía bebidas, gaseosas y cerveza. Había muchos de estos pequeños restaurantes, uno al lado del otro, por aproximadamente cuatro cuadras en ambas veredas. Todos ellos llenos de gente comiendo.

Entre las Fraternidades de bailarines sobresalían las de morenada, caporales en menor medida, alguna Fraternidad de tinkus y saya, unas de tobas (entre las cuales estaba "Tobas Bolivia"), y una banda de sikuris. Las morenadas destacaron tanto por la cantidad como por su preparación y orden y por el vestuario demostrativo de una situación de bonanza económica. Algunos aspectos del vestuario de las morenadas llamaron mi atención: los sombreros de las cholitas tenían muchos dijes y cadenas doradas, al igual que sus aros; los hombres usaban corbatas con la imagen del Che entre las banderas boliviana, argentina y la *wiphala.* La presencia de las tres banderas en distintos complementos de los trajes estuvo presente en varias Fraternidades. Asimismo, la imagen del Che fue reiterada como aplique en el vestuario. Grandes bandas de músicos acompañaban las Fraternidades, muchas de las cuales incorporaron pequeños grupos de niños, que iban bailando en primera fila.

El ingreso de las Fraternidades fue un tanto desorganizado, pues tardaban un buen tiempo entre unas y otras. Asimismo, gente que ingresaba al espacio previsto para el baile (muchos sacaban fotos con cámara o con celulares) dificultaba la circulación de los bailarines. Es decir, no era una fiesta "prolija", perfectamente organizada, con espacios respetados en su delimitación; había un cierto desorden y el público interactuaba con los danzantes, al tiempo que los miraba y admiraba.

La cantidad de público fue aumentando a medida que transcurría la tarde. Así, a media tarde resultaba complicado caminar por las veredas de la Av. Fernández de la Cruz o llegar a la Iglesia. Ésta, por lo demás, estaba decorada con *aguayos,* serpentinas, pequeñas muñecas vestidas de chola. A la entrada (en el exterior) se encontraba la Virgen en un pequeño altar. La Virgen era de tamaño pequeño y tenía un vestido forrado con billetes de dinero. Los fieles se acercaban, aquí sí, de manera muy ordenada para pedirle por sus deseos o hacer su promesa. En el interior de la iglesia sucedía lo mismo con otra Virgen de menor tamaño ubicada sobre otro altar pequeño. Dos asistentes entregaban allí a quienes hacían su promesa falsos billetes de US$ 100, como los que se encuentran en la Feria de Alasita. Esos mismos billetes decoraban también la iglesia, cuyo interior estaba adornado bajo la misma pauta (guirnaldas con pequeñas muñecas vestidas de chola, billetes de dólares, *aguayos*).

Unos comentarios comparativos sobre la Fiesta en honor de la Virgen de Copacabana en Luján (agosto de 2009)

Llamó sobre todo mi atención constatar que, a simple vista, muchas Fraternidades que bailan en la Fiesta de Charrúa no participan en la de Luján. En ésta se vio una cantidad mayor de Fraternidades de caporales en comparación con las que se presentaron en Charrúa, donde la mayoría bailaba morenada y eran éstas las que sobresalían también por su atuendo. Por otra parte, el público que asistió a la Fiesta de Charrúa pertenecía principalmente a sectores socioeconómicos bajos, mientras que en Luján el público era más diverso socioeconómicamente. Esto lleva a una pregunta sobre la segmentación de la población boliviana en Buenos Aires, sobre los cruces entre los distintos sectores, si éstos se producen o no y cuándo. Era de esperarse que ello ocurriera en las fiestas.

Este hecho confirma la idea de una "diáspora" que no representa una "identidad homogénea". Es decir, quienes componen la "diáspora" difieren según sus pertenencias socioeconómicas, barriales en el lugar de destino, sectoriales de acuerdo a los ámbitos laborales en los que se ocupan (dueños de talleres y sus mismos empleados), regionales según la zona de Bolivia de donde procede el migrante, etc. Éste es un dato que surge de la comparación de ambas fiestas y que debe ser tenido en cuenta a la hora de usar el concepto de diáspora.

Por otra parte, los ámbitos donde se expresa la devoción a la Virgen de Copacabana son diferentes en estos casos. Luján es el espacio propio de la Virgen de Luján, Patrona de Argentina; en este sentido, llevar a la Virgen de Copacabana, Patrona de Bolivia, al templo en el que se venera a la Virgen Patrona de Argentina, implica una incursión de "lo boliviano" en el espacio religioso argentino con su propia virgen. Lo boliviano se exhibe hacia los otros (argentinos) en Luján, colocándose en un lugar equivalente al de otros grupos de residentes con antigüedad en el país. Charrúa, en cambio, es un espacio más "boliviano": es la "casa" de la Virgen de Copacabana, su lugar cotidiano. Podría plantearse la hipótesis de que en Charrúa la diáspora se "mira" y refuerza a sí misma, la fiesta se orienta más hacia la propia colectividad; en Luján, en cambio, se orienta más hacia la sociedad argentina, ratificando el lugar ganado como colectividad en el país de destino.

En otro plano, en la fiesta de Luján, las Fraternidades parecían mejor organizadas, con menos espacio entre una y otra. No había "restaurantes" improvisados ni venta de comida típica u otros objetos en las calles, como ocurría en Charrúa, y la gente sólo formaba esa suerte de "pasillo", de vereda a vereda, observando a los danzarines. Tampoco se permitía el ingreso del público al sector donde se bailaba. Había gran presencia de caporales, tobas y tinkus. Estas danzas son bailadas por gente más joven que la que baila morenada. La fiesta de Luján tiene menos años que la de Charrúa, donde quizás quienes bailan son migrantes más antiguos.

Breve corolario

Las expresiones de pertenencia a la colectividad boliviana que se juegan en el sitio web de la Fraternidad Tobas Bolivia se vinculan con la diversidad cultural, con lo festivo, con la música y la danza, con el colorido de los trajes y la agilidad de sus movimientos. También con los lazos entre los "fraternos" y con la reafirmación de valores culturales y religiosos. Sus expresiones tienen una impronta positiva y sus protagonistas son proactivos y entusiastas. Destacaré en este breve corolario algunos aspectos de esa experiencia según su "orientación".

Hacia la sociedad argentina, los jóvenes bailarines que integran la Fraternidad muestran una imagen de los bolivianos migrantes opuesta a la del estereotipo común de los bolivianos en Argentina. En este caso, los bailarines, que representan una cultura originaria indígena y diversa pero que claramente son personas que viven en el ámbito urbano, mantienen una actitud altiva, enérgica, atractiva, llamativa y juvenil, y se muestran en buen estado físico y muy cuidadosamente vestidos.

Hacia Bolivia, la comunicación que la Fraternidad tiene con otros bolivianos allí y la aceptación como "Bloque Buenos Aires" por una Fraternidad local para actuar en el Carnaval de Oruro, los legitima como "representantes" culturales de Bolivia y al mismo tiempo les da un reconocimiento como bolivianos, aunque vivan en Argentina. Estos lazos refuerzan las relaciones entre el lugar de origen y la diáspora y probablemente dan mayor legitimidad al grupo frente a la colectividad boliviana en Argentina.

La Fraternidad busca incluir a otros jóvenes dentro de un espacio sociocultural y generacional donde se eleva la autoestima *como* bolivianos. Con ello también busca reconocimiento de la colectividad boliviana y legitimarse como jóvenes miembros de la misma, incluso aquéllos que ya han nacido en Argentina pero se reconocen también como activos integrantes de la colectividad boliviana en la diáspora. En este punto destaca la existencia de una tensión generacional entre los jóvenes y los migrantes con mayor antigüedad de residencia en Buenos Aires.

En todas estas experiencias se juegan relaciones de poder, identificaciones y distancias con otros. Por ejemplo, en la búsqueda de aceptación y en los vínculos que se establecen con la colectividad boliviana más amplia; en la idea de que el reconocimiento se gana con el esfuerzo, el profesionalismo, la seriedad con la que la Fraternidad asume su responsabilidad en la representación de una parte de la cultura boliviana.

En términos de conciencia de diáspora, el grupo expresa explícitamente su pretensión de "búsqueda de sus orígenes", unos orígenes que remiten a la diversidad cultural (representada por la danza toba) y que se reelaboran desde la diáspora.

5

Cuestiones de ciudadanía política en la diáspora

Este capítulo trata la representación *on line* del proceso de lucha por obtener el derecho a voto en el exterior, cuya primera experiencia se produjo en las elecciones a Presidente y Vicepresidente llevadas a cabo en diciembre de 2009. En esa oportunidad pudieron votar por primera vez los bolivianos que residen en Argentina, Brasil, Estados Unidos y España. El proceso de lucha para conseguir votar en el exterior, la inscripción en el padrón electoral y finalmente la participación en el acto electoral, se consideraron en conjunto un evento clave de manifestación de la diáspora. Que fuera la primera vez que los bolivianos podían votar fuera de Bolivia le dio a dicho evento un carácter aún más intenso.

Diversas organizaciones pedían el reconocimiento del voto en el exterior. Entre ellas destacan el Comité de Defensa del Proceso de Cambio y el Consejo Solidario Internacional de Bolivianos en el Exterior (CSIRBE), cuyo sitio web, aunque ya no se actualiza, aún puede verse en la red.[1]

En este capítulo analizo algunos "materiales" expuestos en el sitio web, como notas sobre la organización del Consejo Solidario y videos con testimonios de apoyo a la demanda del voto en el exterior. Para complementar el análisis, revisé artículos sobre este proceso publicados en la versión *on line* del periódico *Renacer Bolivia*[2] –que se edita desde 1999 en Buenos

---

[1] En: http://goo.gl/3dGANM.
[2] El periódico ya no cuenta con un sitio web pero tiene dirección de *Facebook*: https://goo.gl/OJ7BHc.

Aires y es el de mayor difusión dentro de la colectividad en Argentina– y expongo los resultados de una breve encuesta que realicé durante el proceso de inscripción electoral en la ciudad de Buenos Aires en octubre de 2009.

La lucha por el derecho a voto en el exterior

Desde inicios del presente siglo, la demanda de reconocimiento del voto en el exterior de los bolivianos emigrados fue un asunto de creciente importancia. Las movilizaciones realizadas en Buenos Aires en apoyo a aquéllas que en Bolivia pedían la salida del gobierno del ex Presidente Gonzalo Sánchez de Lozada en octubre de 2003 –convocadas por asociaciones de migrantes y que contaron con la presencia de organizaciones populares argentinas–, hicieron visibles políticamente a los bolivianos emigrados.[3] El voto en el exterior había sido aprobado por la Ley Nº 1.246 durante el gobierno de Jaime Paz Zamora en 1991, pero nunca se reglamentó.[4] De manera "tímida", ésta era una demanda que algunas asociaciones de residentes bolivianos en Argentina venían planteando y que los gobiernos habían considerado, pero que no se había resuelto de manera efectiva. En este sentido, el gobierno del Movimiento al Socialismo, a partir de 2006, se orientó a la inclusión política de los emigrados como ningún otro gobierno hasta entonces y logró reglamentar el voto en el exterior para las elecciones nacionales de 2009.

---

[3] Para Hinojosa, Domenech y Lafleur (2012), la visibilización de los emigrados en Bolivia como un grupo poblacional importante fuera del país comenzó a tener relevancia a inicios de los años 2000, y sobre todo con la crisis del 2001 en Argentina, por la sucesión de hechos de xenofobia y discriminación contra bolivianos que los medios de comunicación en Bolivia difundieron. A partir de 2005 comenzó a ampliarse la difusión de algunos asuntos concernientes a los migrantes bolivianos, como las noticias vinculadas al llamado "trabajo esclavo". Los autores citados mencionan que hubo un incremento de la politización de las organizaciones de bolivianos en Argentina, de donde surge con mayor énfasis la demanda del voto en el exterior.

[4] En: http://goo.gl/E5MFT1.

Meses antes de las elecciones que llevarían a Evo Morales a la Presidencia de Bolivia en diciembre de 2005, un grupo de bolivianos residentes en Argentina, a través de representantes legales en Bolivia, presentó un amparo constitucional ante la Corte Suprema de Justicia de ese país reclamando su derecho al voto en el exterior para poder ejercerlo en las elecciones presidenciales de diciembre de ese año. La Corte Suprema consideró procedente el pedido y solicitó al Congreso Nacional la promulgación de una ley de carácter urgente para efectivizar el derecho al voto de los residentes en el exterior, lo cual no sucedió.[5] Finalmente el 14 de abril de 2009 se sancionó la Ley N° 4.021 de Régimen Electoral Transitorio que, en su Título IV (artículos 43 a 62 inclusive), trata sobre el voto en el exterior y lo reglamenta, estableciendo los procedimientos y requisitos de inscripción al padrón electoral, el sorteo de los jurados electorales, el desarrollo del acto electoral, la acreditación de delegados de las organizaciones políticas y demás disposiciones, otorgando a la Corte Nacional Electoral la tarea de reglamentar todo lo necesario para llevar adelante el voto en el exterior, de acuerdo con las disposiciones del Código Electoral.[6] Más tarde, la Ley 026 del Régimen Electoral, sancionada el 30 de junio de 2010, le dedica los Artículos 199 al 206 del Capítulo IV ("Proceso en Asientos Electorales en el Exterior"), reglamentando el derecho al voto de los residentes bolivianos en el extranjero –que es voluntario– para elecciones generales de Presidente y Vicepresidente, referéndums de alcance nacional y revocatorias de mandato para Presidente y Vicepresidente.[7]

---

[5]   Hinojosa, Domenech y Lafleur (2012), Araujo (2010). Cabe anotar que en 1996 el entonces Presidente Gonzalo Sánchez de Lozada sancionó la Ley N° 1.704 que ignoró el derecho al voto desde el exterior, anulando leyes anteriores (en: http://goo.gl/43bv38). El Artículo 97 del Código Electoral de 1999, durante el gobierno de Hugo Banzer Suarez, volvió a colocar el derecho al voto de los bolivianos residentes en exterior, pero tampoco lo reglamentó (en: http://goo.gl/6NjWex).

[6]   En: http://goo.gl/s9zN50.

[7]   En: http://goo.gl/uDSEQh.

La ley electoral estableció para esa primera votación varias restricciones. Una de ellas fue que el padrón electoral en el exterior no podía superar el 6% del padrón total.[8] Otra, que las elecciones en el exterior sólo se llevarían a cabo en los cuatro países donde había más cantidad de migrantes: Argentina (en las ciudades de Buenos Aires, Mendoza y Jujuy), Brasil (en la ciudad de São Paulo), España (en las ciudades de Madrid, Barcelona y Valencia) y Estados Unidos (en Washington D.C., Maryland, Virginia y New York). Una tercera restricción fue que ningún país podía superar el 50% de los empadronados en el exterior.

Esto se modificó para las elecciones nacionales de 2014, para las cuales hubo 272.058 inscriptos en el exterior, una vez levantadas las restricciones mencionadas, es decir, cuando se universalizó el voto en el exterior y los bolivianos pudieron votar en 33 países. Argentina sigue siendo el país con mayor cantidad de inscriptos (138.331).[9]

Los resultados electorales de apoyo al MAS en 2009 fueron contundentes en Argentina y Brasil. En este último país el MAS obtuvo el 94% de los votos, mientras que en el primero obtuvo el 92%. En España también tuvo un importante apoyo, con el 48% de los votos. En Estados Unidos, por el contrario, recibió el apoyo del 31% de los electores, ganando en primer lugar el partido PPB Convergencia, con el 61% de los votos.[10]

Un hito en la lucha por el reconocimiento del voto de los emigrados ocurrió en agosto de 2008, cuando en Bolivia se realizó el referéndum revocatorio del mandato del Presidente Evo Morales Ayma, que lo habilitaría para gobernar hasta diciembre de 2014, pudiendo ser reelegido en las siguientes elecciones. Entonces, ya conformada una organización de

---

[8] A pesar de que el tope de inscriptos era 211.091, el total de empadronados en el exterior no llegó a esa cantidad, alcanzado la cifra de 169.096 (3,3% del padrón electoral total). El mayor número de inscriptos fue en Argentina (89.953), seguida por España (49.995), Brasil (18.142) y Estados Unidos (11.006). En: http://goo.gl/XlSfeI.

[9] En: http://goo.gl/RoVL7Q.

[10] *Ibíd.*

carácter político de apoyo al gobierno del MAS en Buenos Aires, el Comité de Defensa del Proceso de Cambio organizó la celebración de una votación simbólica en dicha ciudad. Se trató de un evento multitudinario que dejó en evidencia el deseo de los bolivianos radicados en el exterior de ejercer este derecho y dio un fuerte apoyo para presionar ante la Cámara de Senadores en Bolivia, donde senadores de partidos de la oposición se negaban a otorgarlo pues veían el "peligro" de que los resultados electorales en el exterior favorecieran al MAS.[11] Luego de esta votación simbólica, un grupo de residentes en Argentina viajó a la ciudad de La Paz para presentar su demanda y ejercer presión con el objeto de destrabar la aprobación de la Ley en el Senado, y si bien fueron recibidos por diferentes instituciones gubernamentales y otras, no lograron su objetivo. De regreso en Buenos Aires decidieron hacer una huelga de hambre y recibieron la solidaridad de asociaciones de bolivianos en otros países.[12] En la ciudad de Arica migrantes bolivianos también se sumaron a esta medida de presión.

Cabe anotar que distintas organizaciones de bolivianos en Argentina hicieron durante esos años más de una huelga de hambre. Por ejemplo, cuando el Presidente Evo Morales, en agosto de 2008 ordenó a senadores del MAS iniciar también una huelga de hambre para presionar a los senadores de la oposición a sancionar la ley, hubo huelguistas en Buenos Aires que se unieron a esa medida que se desarrollaba en La Paz. Asimismo, varias marchas se realizaron en favor del gobierno del Presidente Evo Morales durante ese año. Por ejemplo, cuando el 21 de octubre de ese año se convocó en Bolivia a una gran movilización en apoyo al gobierno, y en particular a la promulgación de la nueva Constitución Política del Estado, en Buenos

---

11 La Cámara de Diputados, con mayoría del MAS, ya había aprobado en mayo de ese año el Proyecto de Ley 443/008, que disponía y reglamentaba el ejercicio de este derecho.
12 Dos personas del grupo quedaron en la ciudad de La Paz donde también entraron en huelga de hambre, así como lo hicieron cuatro personas en el Consulado Boliviano en Buenos Aires. (En: https://goo.gl/jOZYfH).

Aires también se celebró una manifestación multitudinaria.[13] Asimismo, el periódico *Renacer* registró, en diversas ediciones, las movilizaciones de apoyo que desde Buenos Aires particularmente hubo al gobierno del MAS, que contaron con la adhesión de diversas organizaciones populares de la Argentina y en las que se reclamaba, además, el derecho al voto desde el exterior.[14]

El derecho al voto de los emigrados se contextualiza en el marco más amplio de una creciente politización de las migraciones desde mediados de la década de 1990, según sostiene Cachón R. sobre el voto en el exterior a partir de la experiencia de los bolivianos en diciembre de 2009. El autor destaca tres aspectos vinculados a la creciente politización de este grupo: i) el crecimiento de las organizaciones de migrantes y de su acción política y reivindicativa; ii) la importancia de los emigrados en sus países de origen por el envío de remesas y en los países de destino porque aportan mano de obra necesaria;[15] iii) la importancia de los vínculos transnacionales entre los emigrados y sus países de origen (no sólo económicos, sino también culturales y políticos).[16]

En el caso de los bolivianos emigrados, se sumaría un cuarto asunto: la elección de Evo Morales como Presidente a fines de 2005 generó nuevas expectativas políticas entre miles de emigrados que reclamaban un reconocimiento ciudadano, aumentando así su capacidad de agencia política.

Los migrantes plantean el reconocimiento de derechos de ciudadanía política desde dos territorios: quieren que sus derechos políticos sean reconocidos por su país de origen viviendo en el exterior y también desean ser reconocidos como

---

[13] Hinojosa, Domenech y Lafleur (2012: 54).

[14] Lamentablemente esos artículos ya no se encuentran disponibles en el espacio de *Facebook* que tiene el Periódico Renacer desde 2010.

[15] Para resaltar la importancia del crecimiento de las remesas en Bolivia, Hinojosa, Domenech y Lafleur (2012: 53), citando datos del Centro de Estudios Monetarios Latinoamericanos (2010), sostienen que ellas aumentaron de US$ 83 millones en 2002 a US$ 1.097 millones en 2008.

[16] Cachón R. (2012).

ciudadanos en los países de destino.[17] En este sentido, los migrantes dejan en evidencia la problemática del ejercicio de una ciudadanía plena, más allá de la nacionalidad que tengan y de dónde vivan, y la complejidad del tema. El voto en el exterior da entidad política al migrante en la diáspora y refuerza la pertenencia a una comunidad política, haciendo que el emigrado ya no precise elegir entre una pertenencia política al país de origen o al de destino.[18]

La votación simbólica en Buenos Aires

Este evento político fue iniciativa del Comité de Defensa del Proceso de Cambio y la Soberanía Popular Originaria, que desde 2007 venía organizando movilizaciones y actividades de apoyo al gobierno del Presidente Evo Morales. En esta oportunidad se convocó a los bolivianos mayores de 18 años en Buenos Aires a votar de manera simbólica simultáneamente con la votación que se llevaba a cabo en Bolivia por el Referéndum Revocatorio de Mandato del Presidente, el Vicepresidente y los Prefectos de ocho Departamentos del país.[19] Era un acto electoral meramente simbólico ya que los resultados no incidirían en Bolivia, pero era un modo de ejercer presión para que se sancionara la ley del derecho al voto en el exterior, trabada en la Cámara de Senadores en ese entonces.

El acontecimiento sobrepasó las expectativas de los organizadores. Se colocaron 100 mesas en puntos de la ciudad de Buenos Aires y en algunos lugares del conurbano bonaerense con afluencia de ciudadanos bolivianos.[20] En total se registraron 20.247 votos, según el periódico *Renacer*, y 23.122 según

---

17 Esta situación implica una doble lealtad, entendiendo que: "La mayor participación política en el país de origen no va reñida con mayor implicación e integración en el país de destino" (*Ibíd.*, p. 11).

18 Ver Lafleur (2012).

19 "Departamento" en Bolivia es el equivalente a "Provincia" en Argentina y "Prefecto" a "Gobernador de Provincia". Hasta 2008, el Prefecto era nombrado por el Presidente.

20 En la Villa 1-11-14 de Flores, en la 20 de Lugano y en el Parque Indoamericano; en provincia, en Quilmes y Ciudadela.

el Consejo Solidario Internacional de Residentes Bolivianos en el Exterior. Más del 92% de los votantes ratificó el mandato del Presidente Evo Morales y el Vicepresidente Álvaro García Linera y más del 50% se pronunció por revocar los mandatos de los Prefectos de los Departamentos de Santa Cruz, La Paz, Cochabamba y Tarija, manteniendo sus cargos los de los Departamentos de Oruro, Potosí, Beni y Pando.

Según las notas halladas en Internet, la jornada transcurrió de manera normal y los organizadores se vieron superados, pues no esperaban ese nivel de participación. Sólo se menciona como inconvenientes la falta de boletas (en muchos casos tuvieron que sacar en el mismo momento fotocopias para que la gente pudiera votar) y que la votación se prolongó más de lo previsto por la afluencia de gente.

Una lectura del proceso de lucha por el voto en el exterior a partir de algunos textos y videos en el sitio web del Consejo Solidario de Residentes Bolivianos en el Exterior[21]

La lucha de los emigrados en el exterior tuvo como epicentro organizaciones de residentes en Buenos Aires que recibieron el apoyo de varias organizaciones de residentes en otras ciudades y países. Estos migrantes, por lo demás, apoyaban decididamente el proceso de cambio iniciado en Bolivia por el gobierno de Evo Morales Ayma y ejercieron presión para lograr que la ley que otorgaba su derecho a voto se hiciera efectiva. Sin embargo, las organizaciones de los emigrados también vivieron tensiones y disputas internas, fragmentándose en más de una oportunidad.[22] El Consejo Solidario reclamaba por la "situación de completo abandono" en términos de "reivindicaciones sociales y políticas" que viven los residentes en el exterior, recordando que las causas de la migración fueron principalmente la falta de oportunidades en Bolivia por las crisis económicas. Se autodefinían como "muertos civiles fuera de

---

21 En: https://goo.gl/ttXjUk.
22 Una clara expresión de estas disputas puede verse en: https://goo.gl/jOZYfH.

las fronteras", apuntando que esa situación incidía sobre las posibilidades de "inclusión, igualdad de condiciones y oportunidades" y aumentaba la vulnerabilidad y fragilidad de la comunidad boliviana frente al "racismo, la discriminación y la xenofobia" en las sociedades de destino.[23]

Se proponía comenzar una nueva historia y pedían la participación y la unidad, más allá de las discrepancias, para aunar esfuerzos y lograr el derecho al voto, porque ello ayudaría a "lograr la dignificación del boliviano en el mundo y su familia". Es decir que el reconocimiento del voto como bolivianos en el exterior tendría, desde esta óptica, un alcance mucho más amplio que la participación electoral: conseguiría el respeto hacia la colectividad en el exterior y su dignificación.

El texto además reconstruye la historia de la organización, ubicando un primer antecedente en las marchas en 2003 por la destitución del ex Presidente Gonzalo Sánchez de Lozada; luego se formó la Asamblea Popular Originaria Carlos Coro Mayta, que habría fracasado por no incluir a otras organizaciones de residentes. En ese contexto, se creó el Comité de Defensa del Proceso de Cambio y la Soberanía Popular en Bolivia, que apoyó al MAS y llevó adelante el reclamo por el derecho a voto de los bolivianos en el exterior. Durante el proceso en el que se planteó este reclamo, comenzaron a aparecer discrepancias al interior del grupo, acusaciones de clientelismo, de aspiraciones políticas de algunos miembros, etc. El grupo comenzó a dividirse, el Comité de Defensa del Proceso de Cambio desconoció a algunos de los miembros y hubo acusaciones recíprocas que, en el fondo, eran un obstáculo para lograr el voto en el exterior. Finalmente, se conformó el Consejo Solidario Internacional que continuó las medidas de huelga de hambre y obtuvo adhesiones de algunas organizaciones de residentes bolivianos en otros países.

La organización no sólo pretendía lograr el voto, sino, por ejemplo, crear un Vice-ministerio de residentes bolivianos en el exterior, tener una representación "genuina" ante

---

[23] *Ibíd.*

instituciones gubernamentales tanto en Bolivia como en los países de residencia, la elección directa del Cónsul, contar con representación parlamentaria y ocupar cargos políticos.

Algunos videos muestran testimonios de residentes bolivianos en Buenos Aires que apoyaron el reclamo del voto en el exterior por considerarlo una "causa digna", un derecho, porque "todos los bolivianos en el exterior lo único que queremos es ejercer nuestro derecho y ser personas de derecho, ya no ser muertos civiles en ningún lugar del mundo".[24] En otro video se menciona la huelga de hambre hecha simultáneamente en distintos lugares (Argentina, Bolivia, Chile), en el que una huelguista entrevistada comenta en relación con los Senadores de la oposición al MAS:

> "Tendrían que tener vergüenza de lo que están haciendo, esto es un derecho [...]. No sé por qué es su miedo. ¿Qué miedo pueden tener de que nosotros ejerzamos nuestro derecho de elegir a nuestros gobernantes? Pero no nos van a ganar. Nosotros vamos a seguir apoyando el voto en el exterior [...]. Es un derecho que todos ejercen, sólo los bolivianos tenemos este atraso de que no votamos y deberíamos pasar a otra página ya. [...] Por favor señores del Senado, dejen de oponerse por oponerse. Eso no es constructivo. Se lo pide una ciudadana común."[25]

Otros entrevistados hacen un llamado a que los bolivianos en el mundo se unan a la huelga de hambre. En algunos casos, para reforzar el llamado a la huelga directamente se manipula información de manera grotesca (como por ejemplo cuando se dice que son ocho millones los bolivianos en el exterior o que la huelga de hambre también se estaba haciendo en países como Alemania, Italia y Brasil, donde no hubo registro de que eso sucediera). Esto deja en evidencia la intencionalidad política de la organización y los diversos intentos de movilizar a la diáspora con fines políticos.

---

24 "Vigilia Consulado", video en: https://goo.gl/RxxnMp.
25 "Huelga de hambre de bolivianos en Argentina", video. (*Ibíd.*).

Finalmente, en otro video –que empieza con la frase: "Somos parte de Bolivia y este 25 de enero no queremos ser simples espectadores"– se entrevista a un joven de aproximadamente 20 años, nacido en Santa Cruz, que emigró de niño a la Argentina y es miembro de una familia numerosa (mencionó tener seis hermanos). A pesar de tener muchos años viviendo en Argentina y sentirse integrado al país según sostiene, defiende la causa del voto y se siente comprometido políticamente con Bolivia, cuando dice que es necesario que cada boliviano ponga "un granito de arena" para que el país mejore:

> "Así como yo, vinimos muchos bolivianos, y estamos acá, estamos muy acostumbrados, pero siempre nos 'chupa' algo el hecho de ser bolivianos, nos llama nuestra patria. Nunca nos vamos a olvidar [de Bolivia], hasta la muerte. Pero vemos que nuestro país está cambiando [en referencia al gobierno del MAS]. [Estoy] muy contento, muy esperanzado; aparentemente esto era algo utópico, algo que solamente existía en los sueños, y veo que se va a hacer [en referencia al voto en el exterior]. Y esto no lo va a hacer solamente Evo Morales, Linera. Esto lo tenemos que hacer cada uno de nosotros, aportando con un granito de arena. Ser boliviano, o ser nacional de un país, no solamente significa apoyar con un voto. No. Ser boliviano implica sumar cada granito de arena".[26]

En las expresiones de este joven hay algo muy común del migrante que, por un lado, conserva lazos fuertes con su país de origen, pero también se percibe como integrado a la sociedad de residencia, con todos los límites que allí encuentra: en su imaginario futuro está más o menos difusa la posibilidad de regresar al país de origen, pero esto es visto más bien como un deseo a concretar "algún día", no como un proyecto diseñado

---

[26] "Voto boliviano en el exterior – Consejo Solidario Internacional", video. (*Ibíd.*)

ni como una posibilidad próxima.[27] Como el título del programa radial de la Agrupación Simbiosis Cultural, parafraseando
lo que muchos bolivianos dicen al dejar su país: será "por un
tiempito, nomás".

La entrevista al joven boliviano muestra un compromiso
ciudadano con el país de origen, incluso habiéndolo dejado
de niño; evidencia también la esperanza y las expectativas de
lograr más derechos por parte de la colectividad boliviana en el
exterior con la esperanza puesta en un gobierno más cercano a
los más humildes y, sobre todo, un sentimiento, quizás ambi-
guo o contradictorio, en todo caso complejo, en relación con
el país de origen y con el de radicación. Los migrantes bolivianos se siguen sintiendo de "allá", pero también se sienten de
"aquí". Mantienen lazos con Bolivia y les gustaría en un futuro
incierto regresar, pero están insertos en la sociedad argentina.
Se apenan cuando ven un nuevo inmigrante discriminado por
su condición de pobreza o por sus dificultades de inserción, y
quisieran que no se expusieran a ello al punto de que preferi-
rían que se queden en Bolivia, pero ellos aún no regresarían a
Bolivia... Y, por otra parte, defienden sus derechos ciudadanos
y están dispuestos a manifestarse políticamente y a realizar
acciones concretas para lograrlos. A pesar de vivir tantos años
en Argentina quieren ser reconocidos como ciudadanos con
derechos políticos en Bolivia y reclaman del Estado de su país
de origen un reconocimiento legal que les permita participar y
expresarse política y electoralmente.

---

[27] "Tengo la esperanza de que algún día vamos a retornar. Yo, algún día…, me gustaría retornar a mi patria. Me gustaría retornar, ¿por qué no? Pero, bueno, una
forma de retornar es que estamos acá, en la vigilia", el mismo joven refiriéndose a
la medida de protesta organizada para apoyar a los huelguistas en el Consulado
de Bolivia en Buenos Aires.

Resultados de una breve encuesta a migrantes bolivianos en Buenos Aires

La encuesta se realizó entre los días 6 y 15 de octubre de 2009, días en que estuvo abierto el proceso de inscripción al padrón electoral en el extranjero. El objetivo era conocer por qué los migrantes bolivianos consideraban importante inscribirse para votar en las elecciones de su país de origen, obtener información acerca de los modos en que se informan y si, entre ellos, Internet ocupa un lugar importante.

El principal motivo por el cual los bolivianos querían inscribirse y votar fue el ser reconocido como boliviano aun viviendo fuera del país (33% de los encuestados marcó esta opción como la principal razón para participar en este proceso y 19% la identificó como segunda opción). Pero enseguida un buen número de encuestados respondió que, además, les serviría para defender mejor sus derechos como inmigrantes (23% marcó esta respuesta como primera opción). Es decir, primero, un reconocimiento como ciudadano de su país de origen; luego, la defensa de sus derechos como migrantes: las categorías de ciudadano y de migrante como categorías políticas. Este resultado va en línea con la tesis de Portes, según la cual el ejercicio de ciudadanía política con respecto al país de origen no se opone a una mayor implicación en el país de destino.[28] Es más, siguiendo este dato podría pensarse que más bien un reconocimiento político del país de origen beneficiaría a los emigrados en términos de una mejor inserción en las sociedades de destino.

Quienes marcaron esta respuesta en primer y segundo lugar fueron sobre todo mujeres, y si se considera la región de origen, sólo el 10% de aquéllos procedentes de la región oriental de Bolivia marcaron a ésta como primera opción, mientras que en el caso de los encuestados procedentes de la región occidental el porcentaje fue de 35%. Finalmente, la mayoría de

---

[28] Cachón R. (2012).

quienes optaron por esta respuesta como primera y segunda opción son migrantes recientes (de menos de 5 años de residencia en Argentina). Así, serían en primer lugar las mujeres, los migrantes procedentes de la región occidental de Bolivia y los migrantes con menos tiempo de residencia en Argentina quienes reclaman con mayor énfasis el derecho al voto como un reconocimiento de ciudadanía política del país hacia los emigrados.

Otro motivo de peso para inscribirse y votar es no tener problemas para viajar y hacer trámites (burocráticos, bancarios, etc.) en Bolivia. En ese país, hasta 6 meses después de las elecciones, que tienen carácter obligatorio, muchas instituciones públicas y privadas, por disposición legal, solicitan el comprobante de la votación o la justificación legalizada por la Corte Nacional Electoral de no haber votado. Si no se posee dicho comprobante se impide la realización de una serie de trámites cotidianos. El 14% marcó esta respuesta como principal motivo, el 23% la indicó como segunda opción y otro 14% la identificó como tercera alternativa. Más hombres que mujeres optaron por esta respuesta como primera opción y más mujeres que hombres como segunda. En ambos casos, en su mayoría eran procedentes de la región occidental del país y tenían hasta 5 años de residencia en Argentina.

Esta respuesta demuestra un interés práctico, y no sólo de reconocimiento ciudadano, en la inscripción en el padrón electoral y la expectativa de viajar a Bolivia dentro del plazo de esos 6 meses posteriores a la votación. Por otra parte, al no tener una información precisa, muchos migrantes pudieron haber pensado que el Consulado de Bolivia en Argentina también solicitaría dicho comprobante para poder realizar trámites en esas dependencias y probablemente muchos no sabían que el voto en el exterior era opcional.

Las respuestas menos marcadas fueron: "Es un momento de unión de la comunidad boliviana en el exterior", "Simpatizo o participo en organizaciones de la comunidad boliviana a favor del voto en el exterior" y "Mejora la imagen de Bolivia en el exterior". Finalmente, un 16% de los encuestados marcó como primera alternativa la respuesta "Estoy pendiente de lo que ocurre en Bolivia" (un 9% la identificó como segunda opción y un 12% la marcó en tercer lugar), lo que destaca un sentimiento de apego importante con el país de origen.

En cuanto a cuáles son las fuentes de información para tener noticias de Bolivia o conocer las actividades de los bolivianos en Argentina, un 30% de los encuestados sostuvo que el principal medio por el cual se enteran de noticias de Bolivia son los sitios web bolivianos (un 7% la marcó como segunda opción). Buena parte de los encuestados que optó por esta respuesta como primera opción tenía educación de nivel terciario completa y en su mayoría tenía hasta 35 años. De todos modos, pareciera que, en buena medida, quienes usan Internet lo hacen, entre otras cosas, para informarse, lo que se ratifica con los resultados de la pregunta relativa específicamente a los usos de Internet.[29]

Una segunda vía de información (26% de los encuestados optó por ella como la opción principal y un 23% lo hizo como opción secundaria) es a través de lo que les cuentan desde Bolivia sus familiares y amigos. Es decir que en sus conversaciones con quienes quedaron en el país de origen hablan de lo que ocurre allí y no sólo de asuntos familiares o personales. Aquí destaca que la mitad de las amas de casa optó por esta alternativa así como 7 de las 10 personas provenientes de Santa Cruz. En tercer lugar, el 23% respondió que se entera principalmente por amigos, vecinos u organizaciones de la colectividad boliviana en Argentina (un 14% marcó ésta como segunda alternativa). Finalmente, un 19% marcó como opción principal que se entera por la radio (y un 14% identificó esta opción en segundo lugar).[30]

---

[29] Probablemente si hiciéramos hoy la misma encuesta estos porcentajes aumentarían, ya que la conexión y los usos de las TIC crecen exponencialmente cada año.

[30] La información obtenida contrasta en alguna medida con los datos de una encuesta realizada durante la jornada de votación en la ciudad de Buenos Aires. Según ésta, el 77% de los encuestados dijo haberse informado a través de periódicos y radios de la colectividad boliviana, cerca del 7% lo hizo a través de ami-

De estas respuestas se deduce que tanto Internet como el mantenimiento de los vínculos cercanos (vecinos, amigos y familiares que residen tanto en Argentina como, sobre todo, en Bolivia) son clave para actualizar noticias del país de origen y relativas a la colectividad boliviana en Argentina.

Finalmente, Internet era sobre todo usado para mantener contacto con amigos y familiares tanto en Bolivia como en otros lugares, a través de correo electrónico y uso de *Skype* con cámara (el 49% de los encuestados dijo darle principalmente este uso a la red) y, en segundo lugar, para informarse (34%). En el momento de la encuesta (octubre de 2009) sólo el 17% de los encuestados usaba redes como *Facebook*.

En síntesis, la información obtenida a través de la encuesta destaca en primer lugar la importancia del voto como una demanda de ciudadanía y, en segunda instancia, el uso informativo y social de Internet y la importancia de la comunicación familiar y con amigos para enterarse de las noticias, reforzándose los vínculos nacionales con el país de origen a través de los lazos familiares y comunitarios.

Unos comentarios a modo de cierre

El proceso de lucha por el voto de los bolivianos en el exterior y su reconocimiento y reglamentación finalmente en 2009, modificó el posicionamiento político de la colectividad boliviana en la diáspora en relación con el país de origen, al incluir a sus miembros como actores con capacidad de agencia y decisión política. El logro de esta reivindicación otorgó dimensión política a la categoría de migrante y satisfizo el deseo de los migrantes de ser reconocidos políticamente en su país. De allí que se trató de un momento particular de emergencia y de autoconciencia de la diáspora como tal.

---

gos y familiares en Argentina, el 5% lo hizo a través de amigos y familiares en Bolivia, mientras por Internet sólo lo habría hecho el 3%. Ver Canelo *et al.* (2012: 96).

¿De qué maneras las TIC aportaron a difundir la manifestación política de los migrantes bolivianos en este proceso particular y a aunar luchas y esfuerzos en torno a esta reivindicación? Como se ha visto, la construcción por parte de los migrantes de espacios en la red de difusión de esta lucha (sitios web, *blogs*), así como la colocación de videos de sus movilizaciones en *YouTube*, contribuyeron a hacer públicas sus demandas, a generar solidaridades y a establecer vínculos entre las distintas asociaciones de migrantes diseminadas en el mundo (especialmente en Argentina, Chile, Suecia, España), y entre éstas y organizaciones e instituciones en Bolivia.

En términos de difusión, los videos, más que los textos publicados en periódicos *on line* o *blogs* de la colectividad, tuvieron mayor llegada a un público amplio. *YouTube* permite ver la cantidad de reproducciones de los videos y ello da una idea del impacto de los mismos, aunque no se puede obtener información sobre quiénes los reproducen, lo que también limita un conocimiento más preciso.

El análisis del sitio web del Consejo Solidario de Residentes Bolivianos en el Exterior permitió explorar la existencia de redes de migrantes con una demanda política explícita, sus conflictos y fragmentaciones, su posicionamiento político y su relación con asociaciones de migrantes en otros países. En este sentido, creo que puede hablarse aquí de una exposición "puntual" de los migrantes bolivianos en términos de diáspora, y subrayo el término "puntual", pues la actividad en este espacio virtual fue mermando hasta dejar de actualizarse en noviembre de 2010, casi un año después de las elecciones, aunque el sitio aún está disponible en la web.

Asimismo, el análisis de los textos periodísticos del periódico *Renacer* o del *blog* http://www.chasquirunasini.blogspot.com, que se dirigen fundamentalmente a la colectividad boliviana en Argentina, permite un acercamiento a las posiciones políticas planteadas en el seno de esta colectividad.

Finalmente, la información obtenida a través de la encuesta permitió explorar las motivaciones vinculadas a la ampliación de la ciudadanía política de los migrantes y los usos que hacen de los distintos recursos de Internet, complementando el análisis de campo *on line* con el de campo *off line* para analizar la relación entre ampliación de la ciudadanía política, diáspora y TIC.

6

Algunas reflexiones sobre la diáspora boliviana y las tecnologías de información y comunicación (TIC)

A lo largo del libro se intentó responder la pregunta sobre cuáles son los vínculos entre diásporas y nuevas tecnologías de información y comunicación, a partir del análisis de las representaciones de identidades colectivas de los migrantes bolivianos en el ciberespacio.

Más puntualmente, ¿en qué medida estas tecnologías, que han revolucionado y transformado nuestros modos de conocer, comunicarnos y representarnos, y que han cambiado, así, nuestra cotidianidad, son usadas para dar nuevos contenidos a nuestras identidades, para encontrarnos con otros y reconstruir un "nosotros" imaginario, para mantener la cercanía entre quienes están lejos y "compensar" el sentimiento de desarraigo que con frecuencia provoca la distancia de los seres queridos y de los territorios y códigos de vida conocidos? ¿En qué medida encender la computadora o un celular e ingresar a un sitio web, a un *blog* o a *Facebook*, o escuchar programas de radio en la red, para una persona que ha emigrado de su país, se traduce en una experiencia vívida de reencuentro con lo conocido o en el ingreso a un "territorio" familiar, y permite generar lazos con otros en similar situación? En síntesis, ¿cómo contribuyen las TIC a la reterritorialización de identidades colectivas en la diáspora o, de otra manera, a la resignificación de procesos de identificación colectiva en la diáspora?

El estudio de caso de sitios web y *blogs* de migrantes bolivianos en Buenos Aires buscó responder estas preguntas puntuales, así como poner en consideración el uso del concepto de diáspora para esta población particular, atendiendo a la relevancia de la dimensión subjetiva que entraña esta noción que, desde el enfoque planteado, permitiría una mejor comprensión del mantenimiento y resignificación de los lazos identitarios del grupo poblacional sujeto de este estudio.

La pertinencia del caso abordado se fundamenta, además, en la constatación de la importancia de la comunidad en Bolivia en distintos trabajos en los que he participado a lo largo de los últimos 15 años.[1] Por otra parte, la bibliografía sobre los migrantes bolivianos en Argentina, Brasil, España y Estados Unidos, como se comenta en el Capítulo 1, ratifican la relevancia que para ellos tienen los lazos comunitarios.

En lo que sigue, en primer lugar, presento los resultados principales de mi trabajo de investigación, que me llevan, en segundo lugar, a retomar el concepto de diáspora para comprender el sentido de comunidad de los migrantes bolivianos y sus descendientes, enfatizando cómo las TIC facilitan la representación de la colectividad emigrada como diáspora. Aquí intento sobre todo responder a una pregunta teórica que recorre el texto: ¿cómo se vinculan identidades culturales, diáspora y TIC en relación con las tendencias encontradas? En tercer lugar, reflexiono sobre las potencialidades de los usos de las TIC por parte de poblaciones migrantes, tratando de responder a la pregunta sobre la relación entre estas tecnologías y las dinámicas socioculturales. Finalmente, planteo algunos interrogantes y temas de investigación a futuro.

---

[1] Me refiero a las investigaciones sobre los imaginarios sociales y la pintura contemporánea (Szmukler, 1998), la percepción y experiencia personal de los derechos humanos (Pérez y Szmukler, 2008), los conflictos y las luchas urbanas en la ciudad de La Paz (Calderón y Szmukler, 2000), la migración boliviana en el Mercosur (Calderón y Szmukler, 1999).

La diáspora boliviana y las TIC

La heterogeneidad de la diáspora

En los espacios de la red analizados, producidos por migrantes bolivianos, se representan visiones específicas de Bolivia y de la colectividad boliviana que están vinculadas a particulares posicionamientos sociopolíticos, culturales, generacionales, de los sujetos individuales y colectivos que crean y alimentan la actividad en dichos espacios.[2] Esos posicionamientos diferenciados permiten hablar de diversas identificaciones entre migrantes y descendientes de migrantes bolivianos que comparten intereses específicos, y es en este marco que hablamos de la heterogeneidad de la diáspora boliviana en Argentina. Así, se ubican:

- Los jóvenes miembros de la Fraternidad Tobas Bolivia, que reivindican la idea de diversidad a través de la danza como expresión y práctica cultural, al representar el carácter aguerrido, colorido, entusiasta y vital del baile de los tobas y ubicarse como descendientes de una cultura ancestral y originaria, se posicionan como lo inverso al estereotipo del boliviano –en general asociado a una situación laboral precaria, a la pobreza y la explotación– frente a la sociedad argentina.[3] Pero al mismo tiempo, se colocan como "espejo" de dicha sociedad, al "recordarle" que los tobas –que han sido negados como pueblo originario en el discurso oficial históricamente en la Argentina– son también argentinos –entre otras cosas, la población descendiente de tobas hoy es más importante

---

2   Retomo aquí las reflexiones de Hall (1993) sobre las identidades colectivas y las de Brah (2004) sobre identificaciones y diferencias, abordadas en el Capítulo 1.

3   Esta idea comparte la perspectiva de Hall (1993) cuando propone que la identidad implica un modo de posicionarse con relación a las narrativas del pasado. Creo que la Fraternidad Tobas Bolivia justamente hace eso: se posiciona frente a los otros (la sociedad argentina, la propia colectividad boliviana en Argentina, etc.) a partir de una recuperación y reinterpretación de una narrativa del pasado.

numéricamente en Argentina que en Bolivia–.

Formar parte de la Fraternidad implica, además, compartir ciertos valores de grupo: fraternizar y ser solidarios entre "hermanos", buscar los "orígenes" culturales, hacer un ejercicio de fe cristiana que moviliza a muchos bailarines en las fiestas patronales. Se trata, de alguna manera, de generar sentidos colectivos que den contención para los jóvenes migrantes o descendientes de migrantes. Y de este modo se posicionan con respecto a Bolivia, a la propia colectividad en Argentina y a los argentinos.

• Los jóvenes de la Agrupación Simbiosis Cultural, que defienden la causa de los trabajadores migrantes en los talleres textiles, posicionándose en primer término desde el derecho al trabajo y a condiciones laborales dignas para los migrantes. Desde esta reivindicación principal, y a partir de reconocerse como parte del contexto más amplio del fenómeno global de las migraciones, proponen un "espacio" de comunicación e información orientado a migrantes bolivianos que ignoran sus derechos en Argentina y de encuentro y contención de otros jóvenes que, como ellos, se pregunten *qué significa ser bolivianos en Argentina*, brindando un canal alternativo a aquéllos más tradicionales de la colectividad boliviana –asociaciones de barrio, fraternidades de danza–.

De acuerdo con información exploratoria, para los jóvenes que se acercan a la Agrupación, la cuestión con frecuencia consistiría en conjugar los modos de "seguir siendo boliviano" o "recuperar" una identificación como boliviano y a la vez mantener sus identificaciones con la sociedad de residencia, siendo ya argentinos o sintiéndose insertos en esta sociedad. ¿En qué medida estos procesos cuestionan sus identificaciones individuales y colectivas? Quedan abiertas las preguntas en torno a los modos de identificarse como bolivianos y los procesos de "reconciliación" con los dos "mundos" (el boliviano y el argentino) que muchos de estos jóvenes viven (pues muchos de ellos llegaron a la Argentina siendo niños o son argentinos descendientes de migrantes bolivianos).

- El sitio web http://www.comunidadboliviana.com.ar, desde un posicionamiento más tradicional y político hacia la colectividad boliviana en Argentina, intenta representarla desde el título mismo del sitio. Allí se reivindica la identidad como migrantes bolivianos a partir tanto de la difusión y denuncia de problemas que comparte este colectivo en particular como de la información y opinión sobre acontecimientos en Bolivia. Asimismo, se plantea una proyección global hacia la colectividad boliviana emigrada. Desde este posicionamiento se pretende colaborar con el nuevo migrante a través de información específica y conformar un espacio aglutinador de asociaciones de migrantes bolivianos en Argentina. A pesar de que la presentación como "Comunidad boliviana" podría hacer referencia a un vínculo con una organización particular de la colectividad, el sitio web no representaría a una asociación, sino que respondería a intereses y voluntades individuales, desde donde se generan lazos con diversas asociaciones de migrantes bolivianos, incluso en otros países y, aún con distancias, con el Consulado de Bolivia.

- El *blog* www.cosolidariointerderesidentesbolivianosenelexterior.wordpress.com –donde se muestra información a partir de la cual se puede reconstruir la lucha por el voto de los bolivianos radicados en el exterior–, se posiciona a partir de la demanda de derechos de ciudadanía política por parte de la diáspora. El *blog* propone una mirada diferente a las expresadas en los espacios antes mencionados, pues enfatiza de manera explícita los derechos políticos de los migrantes y no sólo pretende informar en este ámbito sino que se ubica en una posición cercana al gobierno del Presidente Evo Morales Ayma del MAS, que finalmente reglamentó la ley que legitima este derecho político, para que los emigrados pudieran votar en las elecciones a Presidente y Vicepresidente, lo que ocurrió por primera vez en diciembre de 2009.

Todos estos espacios en el ciberespacio se construyen a partir de distintas posiciones de identidad de los migrantes bolivianos en Argentina. Esas distintas posiciones (o posicionamientos) evidencian diversas orientaciones culturales, políticas, sociales y subjetivas, así como distintas pertenencias generacionales, regionales y socioeconómicas dentro de la colectividad; desde ellas, los migrantes bolivianos que construyen tales espacios elaboran sus diversos discursos y relatos hacia la colectividad boliviana en Argentina, hacia diversos sectores que la componen, hacia los argentinos y hacia los bolivianos en Bolivia. Dicha colectividad, además, incluye a jóvenes descendientes de bolivianos en segunda y tercera generación que mantienen los lazos de pertenencia. En este sentido, sería posible hablar de una "conciencia de diáspora" representada en los espacios analizados y en las comunicaciones en red que allí se producen, en línea con lo que plantean los estudios de Moraes y Mattelart, entre otros.[4] Sin embargo, al mismo tiempo hay que decir que esa "conciencia de diáspora" varía según los posicionamientos antes mencionados, retomando la perspectiva teórica sobre la diferenciación y las identidades de Brah.[5] Es decir, la "conciencia de diáspora" no indica que existe una única idea compartida sobre la diáspora boliviana ni un único posicionamiento identitario; ella varía de acuerdo a las posiciones de los sujetos y sus identificaciones particulares. Así, las visiones sobre Bolivia y sobre la diáspora boliviana son también diversas.

Según nuestro análisis, los espacios en la red –creados y actualizados por migrantes bolivianos y sus descendientes–, expresan una *heterogeneidad sociocultural de la diáspora*, más que de la sociedad boliviana. Ellos reivindican diversos modos

---

[4] Moraes (2005), Mattelart (2009).
[5] Brah (2004).

de identificarse como bolivianos y tienen distintas orientaciones en la diáspora. No todos comparten la misma idea ni el mismo tipo de vínculo con Bolivia ni con la sociedad argentina. "Lo boliviano" les permite construir una identificación fuerte, es una referencia que rescata y valora una pertenencia, pero es visto de diversas maneras por los distintos grupos y personas que comparten esa identificación en la diáspora. En síntesis, la diáspora es diversa y heterogénea.

Principales representaciones de las identidades como bolivianos en Argentina en el ciberespacio

En relación con las representaciones como bolivianos en la diáspora en los espacios analizados de Internet destacan aquéllas vinculadas a su vulnerabilidad por ser en su mayoría migrantes poco calificados y pobres, las relativas a Bolivia, su riqueza y diversidad cultural, y las asociadas al ámbito político y la fragmentación dentro de la colectividad.

Las *representaciones de la vulnerabilidad* del migrante boliviano se refieren fundamentalmente a hechos de discriminación y violencia por ser migrantes bolivianos y a la explotación laboral. Sin embargo, los espacios analizados se "rebelan" contra esta representación estereotipada, tanto al "discutir" las imágenes del trabajador boliviano como explotado "por su naturaleza" y factible de volverse esclavo –que se basan en última instancia en argumentaciones racistas–, como al transformarse en ámbitos de denuncia de la discriminación y del abuso laboral, de reivindicación de sus derechos como migrantes y de debate de los problemas que enfrentan como tales.

Las *representaciones de Bolivia y su riqueza cultural* están vinculadas sobre todo a las fiestas patronales (asociadas tanto a conmemoraciones de carácter nacional como a la reafirmación de la fe cristiana), las Fraternidades de danza y la defensa de las danzas consideradas bolivianas, donde se subraya la diversidad y los valores que subyacen a las prácticas culturales. Las representaciones culturales sobre Bolivia tienen en general una impronta andina y urbana, desde donde, sin embargo, también se rescata el mundo campesino e indígena, a veces a partir de una mirada nostálgica e idealizada.

Las *representaciones políticas* y la fragmentación dentro de la colectividad se manifiestan asociadas con la lucha y la movilización en demanda del voto de los bolivianos en el exterior y la pugna de intereses que dejó en evidencia, así como en relación con actuaciones diferenciadas de la colectividad frente a la explotación laboral en talleres textiles y en una mirada pesimista de la situación sociopolítica en Bolivia.

Desde el plano de las representaciones en el ciberespacio queda claro que los migrantes bolivianos y sus descendientes son conscientes y pelean contra una mirada estereotipada sobre ellos en la sociedad de destino. Oponiéndose a ello:

- reivindican la riqueza cultural de Bolivia, con sus danzas atractivas por su manifestación de energía y vitalidad, como la de los toba, que expresan además flexibilidad física y juventud, y muestran una imagen activa y colorida;
- defienden mejores condiciones laborales y reclaman sus derechos como trabajadores, contextualizando la problemática común de los migrantes en todas las sociedades del mundo;
- denuncian la discriminación y la violencia públicamente en los sitios web, hechos que comúnmente son ignorados en otros espacios de difusión.

Es decir que la identificación como bolivianos se reivindica, entre otros modos, en la oposición contra los estereotipos y contra las situaciones de vulnerabilidad del migrante, que pueden verse también en los espacios de Internet. Ello en relación con la sociedad argentina, pero las reivindicaciones culturales y las demandas laborales y de respeto de su dignidad como personas con derechos también suponen un posicionamiento de afirmación identitaria en relación con la sociedad de origen.

La conciencia de ser parte de una diáspora

¿En qué medida es posible hablar de una "conciencia de diáspora" en estos espacios, realizados por personas y grupos con intereses, subjetividades y objetivos precisos? De acuerdo con nuestro análisis, es posible sostener que, por un lado, los migrantes bolivianos y sus descendientes se ven como parte de un contexto más amplio, tanto en relación con los migrantes bolivianos en general en función de lo que acontece en el país de origen[6] como en relación con el fenómeno global de la migración internacional;[7] es decir, se ven a sí mismos como parte de un proceso global más amplio. Dadas estas posiciones que asumen con respecto al país de origen, a la colectividad nacional emigrada y al movimiento migratorio global, es posible hablar de una "conciencia de diáspora".

Por otro lado, en todos los espacios analizados se evidencia una relación fuerte y actualizada permanentemente con Bolivia, lugar de origen que es apreciado desde una variedad de sentimientos, reflexiones, acciones y opiniones: el interés por recuperar y reconocerse en los orígenes culturales;[8] la nostalgia de la vida urbana andina cotidiana;[9] una visión crítica sobre la situación sociopolítica del país que terminaría justificando el no retorno pero que a la vez –a través de la opinión– permite reactualizar el vínculo con Bolivia;[10] la demanda de participación política de los emigrados y del reconocimiento de un derecho de ciudadanía política como es el voto desde el exterior.[11] Estas apreciaciones en relación con Bolivia,

---

6 Esto se expresa claramente en el sitio web de "Comunidad Boliviana" (en: http://goo.gl/6Pohh3) y en el del "Consejo Solidario de Residentes Bolivianos en el Exterior" (en: http://goo.gl/3dGANM).

7 Esto se manifiesta en el Programa radial "Por un tiempito nomás" (en: http://goo.gl/ETaZxQ).

8 Ver Capítulo 4 en torno a la Fraternidad Tobas Bolivia.

9 Ver Capítulo 3 sobre el Programa radial "Por un tiempito nomás".

10 Ver Capítulo 2 en torno a "Comunidad Boliviana".

11 Ver Capítulo 5 en torno al "Consejo Solidario de Residentes Bolivianos en el Exterior".

reactualizadas en los distintos espacios analizados muestran los fuertes vínculos con el lugar de origen, que también identifican una "conciencia de diáspora".

Particularmente en el Capítulo 5 queda claro que la diáspora no sólo se representa a nivel cultural o desde el reclamo por el respeto de derechos civiles y sociales y el reconocimiento como migrantes bolivianos. La diáspora se construye, muy especialmente, en la demanda de participación política. Este sería un tema que ameritaría ser profundizado: la construcción política de y en la diáspora, considerando que los migrantes plantean un tema clave en términos de ciudadanía política, pues reclaman derechos políticos tanto a sus sociedades de origen como de destino.[12] La aspiración de participar políticamente en el país de origen no sólo se vio en el proceso de inscripción al padrón electoral, sino particularmente en las huelgas de hambre y movilizaciones –que videos y textos demuestran en diversos sitios web y *blogs*– y en la realización del voto simbólico realizado en distintos puntos de la ciudad de Buenos Aires y el área metropolitana. La afluencia de participación en estos eventos demuestra que no se trató únicamente de una aspiración política de la dirigencia, del Movimiento al Socialismo o del gobierno del Estado Plurinacional de Bolivia, sino de las expectativas que en relación a su participación política tienen los migrantes.

Las orientaciones de la diáspora

Todos los espacios analizados se orientan a diferentes interlocutores, tomando posición frente a ellos, de los cuales tres aparecen como claves: la sociedad argentina, la colectividad boliviana en Argentina y la sociedad de origen. Sin embargo, hay que tener en cuenta que las relaciones entre unos y otros se refuerzan entre sí. Por ejemplo:

---

[12] Ver al respecto Jelin (2006), Domenech (2008), Novick, comp. (2008), Cachón R. (2012).

- *Hacia la sociedad argentina*, la Fraternidad Tobas Bolivia, como se mencionó, muestra una imagen opuesta al estereotipo del boliviano humillado y discriminado, pobre. "Comunidad Boliviana" expone la legitimidad que la colectividad ha ganado en la Argentina al dedicarle un buen espacio a la Fiesta en honor a la Virgen de Copacabana en Morón, donde destaca la presencia de autoridades del gobierno local que ratifica el reconocimiento como colectividad nacional en la Argentina. Estas orientaciones hacia la sociedad argentina refuerzan, además, sus posiciones dentro de la colectividad boliviana en este país.
- *Hacia la colectividad boliviana en Argentina*, en todos los espacios analizados hay un interés por representar a una parte de la misma y por ser reconocidos por ella. Así, desde http://www.comunidadboliviana.com.ar se intenta representar a la colectividad y ser intermediario entre los migrantes y organismos oficiales del Estado Plurinacional de Bolivia en caso de ser necesario, transformarse en la voz de la denuncia cuando el caso lo amerita, dar (formar) opinión sobre lo que sucede en Bolivia en varios planos (político, social, etc.), colaborar con el nuevo migrante haciendo accesible la información para tramitar su residencia, por ejemplo. Desde el *blog* de Simbiosis Cultural, el discurso y los objetivos de la Agrupación se orientan más puntualmente hacia los migrantes bolivianos que trabajan como costureros en los talleres textiles y sufren situaciones de explotación laboral; también se dirigen a los migrantes y sus descendientes que cuestionan sus propias identidades como jóvenes bolivianos que viven en Argentina desde un espacio alternativo al más tradicional de la colectividad, intentando construir un espacio crítico de la colectividad, que se reconoce como boliviano y se amplía hacia la problemática general del migrante, estableciendo puentes con migrantes de otros países al considerarse parte de este fenómeno global. Por su parte, http://www.tobasbolivia.com.ar se orienta a los jóvenes de la colectividad boliviana en Argentina, brindando un

lugar de contención desde el cual recuperar los "orígenes". Se ve como parte de la colectividad, con un derecho ganado (no adquirido) que se refuerza con el reconocimiento en Bolivia de esta Fraternidad como partícipe, como "Bloque Buenos Aires", de la Fraternidad Tobas Central para bailar en el Carnaval de Oruro. En el sitio web del "Consejo Solidario..." el discurso hacia la colectividad es netamente político y vinculado al reconocimiento de un derecho de ciudadanía política en el país de origen. Estas orientaciones hacia la colectividad boliviana en Argentina refuerzan sus lazos con Bolivia.

- *Hacia la sociedad de origen*, en el caso de la Fraternidad Tobas Bolivia se produce un juego de identificaciones y legitimaciones entre dicha Fraternidad, la Fraternidad Tobas Central con sede en Bolivia, y la legitimidad ganada frente a la colectividad boliviana en Buenos Aires por dicha participación en el Carnaval de Oruro. La orientación de http://www.comunidadboliviana.com.ar con el país de origen se evidencia sobre todo en la comunicación hacia organismos oficiales y en los lazos con periodistas o comentaristas en Bolivia que publican en el sitio web. La Agrupación Simbiosis Cultural tiene vínculos con organizaciones sociales en Bolivia y pretende difundir en ese país la situación de los trabajadores en los talleres textiles en Argentina. La referencia a Bolivia en el "Consejo Solidario..." se produce en el plano de la demanda de ciudadanía política. Estas orientaciones hacia el país de origen refuerzan las orientaciones hacia el de destino y hacia la colectividad boliviana en Argentina.

Por otra parte, las encuestas realizadas permiten afirmar que en general los bolivianos continúan manteniendo fuertes lazos con sus familiares y allegados en los lugares de origen, no sólo en términos afectivos sino también para intercambiar información sobre Bolivia. Ello les permite hacerse una idea desde el "afuera" que implica la emigración sobre el "adentro", es decir sobre lo que sucede en Bolivia, tomando información de "primera mano" de quienes viven allí. Sería un modo de mantener la co-presencia "aquí" y "allí" que plantea Clifford como un mecanismo (o paradoja) que da fuerza a las diásporas.[13] Las TIC son clave en estas comunicaciones con el país de origen.

En todo caso, se destaca la orientación hacia la propia colectividad desde las distintas posiciones representadas en el ciberespacio, demostrando una suerte de auto-referencia que refuerza la idea de comunidad en la diáspora.

La aproximación metodológica

En términos metodológicos fue posible aplicar un análisis que permitiera comparar sitios web y *blogs* cruzados por una variable común: en este caso, ser expresiones de emigrados bolivianos referidas a la colectividad boliviana. El análisis comparativo se basó, por un lado, en la estructura, objetivos, temas y usos de recursos en Internet. Las diferencias en estos aspectos de los sitios web y *blogs* dejan en evidencia distintas orientaciones de los sitios vinculadas a categorías identitarias (las distancias generacionales entre quienes hacen y actualizan los distintos espacios y sus recursos comunicativos en este aspecto resultaron las más importantes) y diversas intenciones políticas, modos de expresar ideas, niveles de horizontalidad en las comunicaciones y grado de apertura hacia opiniones variadas, etc. Por otro lado, el análisis comparativo tomó en consideración las visiones u orientaciones en torno a los migrantes bolivianos que se enfatizan desde los distintos espacios.

En este mismo ámbito, complementar y cotejar el análisis *on line* con observaciones y entrevistas realizadas *off line* permitió tener una perspectiva más completa y compleja de las situaciones representadas en sitios web y *blogs*, así como de los grupos y personas que crean, actualizan y realizan estos espacios comunicativos en la red. Las fiestas patronales y la inscripción al padrón electoral fueron considerados eventos

---

13 Clifford (1999).

puntuales donde se refuerza el sentimiento de pertenencia como bolivianos en la diáspora. En tal sentido, su inclusión como material representativo de prácticas culturales y políticas a nivel territorial *off line* viene a corroborar los lazos entre los mundos *on line* y *off line*.

Si bien considero que puede ser válido realizar únicamente un análisis de representaciones desde el campo *on line*, una conclusión de esta investigación reafirma mi orientación metodológica en relación con que la información de campo *off line* complejiza y enriquece el análisis, pues permite abordar el mismo objeto/sujeto estudiado desde dos ámbitos que proporcionan una información diferente y complementaria. Esta posición metodológica va en la línea con lo planteado por Nakamura en relación con revisar los nexos de la vida *off line* en la vida en el ciberespacio y viceversa para tener una mejor comprensión del fenómeno estudiado, sobre todo cuando se trata de discursos y narraciones en torno a identidades culturales.[14] En este sentido, se confirma la validez de la perspectiva adoptada, que interpreta lo vivido en ambos campos como parte de una misma experiencia.

Estas experiencias cotejadas a nivel *on* y *off line* llevan a la idea de una continuidad, en distintos medios y espacios, de prácticas culturales de los migrantes a través de las cuales buscan expresarse, comunicarse, representarse. Las fiestas patronales, los programas de radio, las ferias y los mercados, y también los espacios de Internet, son "territorios" en los que los migrantes se mueven con fluidez para reterritorializar sus identidades como bolivianos.

Los resultados de este trabajo me llevan a reexaminar la pregunta inicial en torno a la relación entre diásporas, TIC e identidades colectivas.

---

14   Nakamura (2002). Ver también en esta línea Ardèvol (2003).

Diáspora y TIC

Fundamenté el uso del concepto de diáspora en el caso estudiado ya que este concepto me permitiría comprender mejor la dimensión cultural y de los imaginarios en torno a Bolivia de la migración. La idea de diáspora, en este sentido, iba más allá de la visión del migrante como persona movilizada en función de los mercados laborales, destacando tanto la importancia de las redes transnacionales como el mantenimiento de lazos afectivos, políticos, económicos, con la comunidad de origen, así como la elaboración imaginaria de una comunidad de origen a la que se aspira a regresar pero que es reactualizada o resignificada en los lugares de residencia. Este enfoque se vinculaba con las preguntas en relación con los modos y las vías de mantenimiento, resignificación y representación de identidades desterritorializadas.[15]

Por otra parte, asumí una posición conceptual distanciada de una mirada esencialista de las identidades colectivas, con frecuencia asociada a la noción de diáspora, y que distintos autores vienen rediscutiendo desde la década de 1990.[16]

La principal conclusión que propongo en torno a la relación entre diásporas y TIC es que estas últimas permiten no sólo re-vincular a los emigrados como diáspora sino visualizar su heterogeneidad. En el caso estudiado, si bien es posible sostener que existe una diáspora boliviana por la persistente relación con el país y las sociedades de origen, y por una toma de posición a partir de la identificación como bolivianos migrantes, es preciso decir enseguida que los discursos y visiones en torno a la diáspora son diversos, como demostré más arriba. La noción de diáspora implica un sentimiento y una conciencia de pertenencia a una comunidad, lo que no

---

15 Ver Appadurai (2001).
16 Ver Safran (1991), Ogan (2001), Sideri (2008), Dufoix (1999), Tölöyan (1996, 2005), Scheffer (1993), Berthomière (2005), entre otros.

está presente necesariamente ni en la idea de migración ni en la de comunidad transnacional y constituye un elemento distintivo de la diáspora.

La diáspora boliviana es heterogénea. En tal sentido, no se ajustaría con las tendencias halladas hablar de "La Diáspora", con mayúscula, sino de diferentes posicionamientos dentro de una población en la diáspora. La pertenencia a la diáspora no tiene un mismo sentido para todos los migrantes pues se vincula a una diversidad de posicionamientos en torno a una identidad nacional que, como sostienen Hall y Brah, están cruzados por otras categorías identitarias (como la generacional, la laboral, la social, importantes en nuestro caso).[17] Es decir, se comparte una identificación como bolivianos, un compromiso con la sociedad de origen y una orientación hacia la colectividad emigrada, pero estas identificaciones, compromisos y orientaciones son diversos y plurales. Con esta perspectiva nos acercamos a la propuesta de Brubaker, que enfatiza más las prácticas y proyectos diaspóricos que la idea de diáspora como entidad etno-cultural, más asociada a una identidad vista casi esencialmente.[18]

Esta conclusión refuerza mi posición anti-esencialista de las identidades, que también niega que los significados en torno al país de origen, el de destino y a la propia colectividad diaspórica sean similares entre los distintos migrantes y asociaciones de migrantes por compartir una identificación en términos de nacionalidad. Esa heterogeneidad está representada en una diversidad de expresiones en Internet: los espacios allí construidos, las redes y los recursos comunicativos que las TIC viabilizan, hacen posible acceder a este rasgo clave de la diáspora.

---

[17] Hall (1993), Brah (2004).
[18] Brubaker (2005).

En este sentido, los bolivianos en la diáspora tienen distintos proyectos, discursos y visiones tanto en relación con el país de origen como en relación con la colectividad emigrada y la sociedad de destino. Sin embargo, aquellos aspectos que comparten como diáspora[19] serían:

- la reivindicación de una memoria que se reactualiza y un imaginario sobre el lugar de origen, que al mismo tiempo es fuente de valores e identidad; ello implica un reconocimiento como individuos y colectividad en el pasado y unos imaginarios que, según los distintos posicionamientos, adquieren diversos sentidos;
- la búsqueda y el mantenimiento de lazos con la sociedad de origen;
- la pervivencia de diferencias en relación con otros grupos poblacionales, sobre todo de la sociedad de destino, y de un sentimiento de no ser plenamente aceptados desde su identidad particular como bolivianos por la sociedad argentina;
- la idea de retorno –aunque sólo aparezca marginalmente en el discurso y aunque haya muchos retornos parciales, incluso entre las generaciones más jóvenes que han nacido en Argentina pero que se consideran a sí mismos, y son considerados por otros, también como bolivianos–;
- los mecanismos de institucionalización como colectividad diaspórica.

Insisto, empero, en que todos estos elementos que permiten hablar de diáspora en nuestro caso deben ser abordados a partir de las identificaciones y proyectos particulares que cada uno de los espacios estudiados representan.

---

[19] Retomo aquí las definiciones de Safran (1991), Ogan (2001), Brubaker (2005), Tölölyan (1996), Cohen (2008) y Tsagarousianou (2004), entre otros autores tratados en el Capítulo 1.

Las TIC dejan en evidencia la heterogeneidad de la diáspora pues generan espacios en los que diversos grupos pueden intervenir con sus enfoques, posiciones, miradas, sobre la sociedad de origen, la de destino y su propia colectividad diaspórica. Los usos de las TIC como espacios públicos hacen posible esta interpretación de la diáspora.[20]

Ello va en sentido contrario a la idea esencialista de diáspora vinculada a *la* "identidad nacional", en nuestro caso cuestionada o revisada por el cruce de otras categorías identitarias. Tal cuestionamiento queda en evidencia, por ejemplo, cuando se promueve una lucha contra los talleristas textiles, también migrantes bolivianos, que explotan laboralmente a otros migrantes bolivianos a partir de un entramado de relaciones sociales complejas. Allí la identidad laboral prima sobre la "identidad boliviana" y cabe preguntarse, ¿qué idea de diáspora comparten ambos grupos de bolivianos, distantes en la escala socioeconómica y en la antigüedad de residencia en el país receptor? Sin embargo, ambos grupos probablemente, y con distintas ubicaciones, se encuentren en las fiestas patronales, donde veneran a la misma Virgen y celebran las mismas fechas patrias, entre otras coincidencias que reafirman sus identificaciones "nacionales".

La idea fundamentalista en torno a la diáspora también es cuestionada cuando un grupo de jóvenes, entre ellos algunos descendientes de bolivianos, coloca una danza de la región oriental del Chaco boliviano, con esfuerzo, responsabilidad y gran entusiasmo, como manifestación de la diversidad cultural del país de origen en las fiestas patronales organizadas por la colectividad boliviana en Argentina, vinculada a una mirada más tradicional de la "cultura boliviana" referida a lo andino.

En los dos casos recién mencionados, son grupos de jóvenes los que plantean una visión crítica de la diáspora y de sus identidades como bolivianos, que también, sin embargo, reivindican. Las adscripciones culturales, las pertenencias socioeconómicas y las demandas de los jóvenes migrantes y

---

[20] Ver al respecto Mattelart (2009).

descendientes de migrantes bolivianos, cuestionarían así una visión esencialista de una "identidad boliviana" y de la diáspora y llevan a pensar en términos de "identidades o identificaciones como bolivianos". Estas adscripciones, demandas y pertenencias diversas, pero que están inscritas en una misma colectividad, encuentran en las TIC mecanismos y espacios de expresión y manifestación.

TIC e identidades colectivas

En torno a la relación entre TIC e identidades colectivas quisiera proponer tres asuntos que emergen del estudio y que merecerían mayor profundización.

La diferenciación en los usos de los recursos que ofrecen las TIC

Tanto de parte de los creadores y administradores de sitios web y *blogs* como del público destinatario, hoy los usos de tales recursos se vinculan a distintos intereses y objetivos de los usuarios. Esto significa que para muchos resultará cada vez menos importante actualizar un sitio web o un *blog*, mientras aumenta la importancia de las redes sociales que promueven una comunicación más horizontal como *Facebook* o *Twitter*, como se ha visto en los casos de la Fraternidad Tobas Bolivia y de la Agrupación Simbiosis Cultural.

Pareciera que los sitios web y los *blogs* son más utilizados como "vitrinas" que muestran las propuestas de los creadores y administradores, que en muchos casos son agrupaciones. Pero se trata de unos recursos "pesados", en el sentido de que requieren un trabajo de actualización y búsqueda y preparación del material para hacerlo, a diferencia de la facilidad que ofrecen las redes o sitios web como *YouTube*.

Hoy existe una disponibilidad de recursos *on line* que hacen más sencillas las prácticas comunicativas y que se utilizan según lo que "se quiere decir". Armar y mantener un sitio web o un *blog* es mucho más trabajoso y lleva un proceso más lento que colocar un tema o un anuncio en *Facebook*. Esta red social, en la que todos los espacios analizados actualmente tienen una dirección (lo que no ocurría cuando inicié la investigación que sustenta este libro), viabiliza una comunicación veloz con los usuarios en un escenario en el que éstos se encuentran en una posición más horizontal para responder o proponer un tema. Esto se contrapone a la verticalidad en la comunicación de los sitios web e incluso de los *blogs*.

Pero por lo mismo, aunque no sean actualizados con frecuencia, los sitios web y *blogs* se mantienen, porque allí se encuentra de manera más desarrollada y accesible la propuesta del grupo, sus objetivos, las imágenes que se quiere transmitir, etcétera. De allí que sostengo que estos espacios pueden considerarse como si fueran "vitrinas".

Las agrupaciones y personas que están a cargo de los sitios web y *blogs* analizados acuden a los diferentes recursos en la red porque cada uno de ellos tiene una utilidad distinta, y en buena medida complementaria. Así, no se usa *Facebook* en desmedro de un sitio web; se trata de dos canales que apelan a dos públicos diferenciados: por ejemplo, el sitio web de la Fraternidad Tobas Bolivia era útil sobre todo para alguien ajeno a la Fraternidad pero interesado en su actividad; también para difundir la actividad del grupo y convocar nuevos participantes. El uso de *Facebook* en la misma agrupación tiene otro impacto: permite a los miembros de la misma compartir, de manera simultánea entre muchas personas, fotografías, opiniones y sentimientos que en general, como se vio de manera exploratoria, se vinculan a las actividades y presentaciones de la Fraternidad. Por lo tanto, si uno se preguntara por las interacciones dentro del grupo, sería más oportuno estudiar el espacio de *Facebook* que analizar el sitio web. Y precisamente porque los distintos recursos apuntan a, o vehiculizan, distintos fines, las agrupaciones mantienen los sitios web al menos por un buen tiempo, aunque utilicen cotidianamente *Facebook*.

Asimismo, es más fácil encontrar videos subidos a *YouTube* de la Fraternidad Tobas Bolivia que ingresar a su sitio web y "bajarlos" de allí, porque además en *YouTube* se tiene la posibilidad de encontrar mayor cantidad e incluso de colocar algún comentario si el usuario está registrado, lo que tampoco tiene un costo económico.

La ampliación de los usos y recursos de las TIC: ¿hacia una esfera pública más democrática en Internet?

Si bien esta investigación comenzó en el año 2009, he venido estudiando comunidades de bolivianos en el ciberespacio desde el año 2005.[21] En esa época no existían las redes como *Facebook* o *Twitter* y la posibilidad de interactuar en la red era en los foros y el acceso a la conectividad y a las mismas tecnologías entonces era mucho más restringido. El debate académico en relación con la democratización de Internet como espacio público en el que emergieron perspectivas encontradas, unas celebratorias y sumamente optimistas y otras más cautas e incluso pesimistas vinculadas al acceso a Internet, se viene dando desde los años 1990.[22]

En este sentido, Castells apunta dos rasgos clave de la comunicación colectiva y las comunidades en Internet que me interesa subrayar aquí: por un lado, la libertad de expresión y la horizontalidad de la comunicación y, por otro, la posibilidad que tienen las personas de buscar "su propio destino en la red y, si no lo encuentran, crear y publicar su propia información".[23] Esta segunda característica puede aplicarse tanto para el caso de http://www.comunidadboliviana.com.ar como para el de http://www.juventudboliviana.com.ar. Estos dos rasgos hablan del carácter democrático y libertario que los usuarios defienden y contribuyen a expandir, y que amplían las

---

[21] Szmukler (2005).
[22] Ver Poster (1995, 2003), Kollock y Smith (2003), Jones (2003), Kelemen y Smith (2001), entre otros.
[23] Castells (2001: 70).

oportunidades de expresión particularmente a aquellos grupos o colectividades que no se sienten eficientemente representados en otros terrenos; es decir, amplían los espacios de manifestación y representación colectiva.

Hoy nos encontramos frente a un panorama muy diferente al de hace diez años en cuanto a las TIC. La horizontalidad y la velocidad de las redes sociales, que movilizan a miles de personas a las calles con un mensaje, pero además el abaratamiento de los costos del servicio, la ampliación de la conectividad y el acceso a telefonía móvil con servicio de Internet (lo que hace que no se requiera siquiera tener una computadora para participar en estas redes o ingresar a un sitio web), ha incluido a muchos que entonces no tenían acceso a la red. Esto sólo quiere decir que la inclusión en la comunicación mediada por las TIC es mayor y que cada vez más personas están mejor preparadas para un manejo básico de las mismas. Por supuesto que un manejo complejo es todavía una cuestión que evidencia la desigualdad en las posibilidades de usos de las TIC. Aunque no abordo este tema en mi trabajo, lo planteo ahora para no perder de vista cómo, en corto tiempo, las posibilidades que brindan las TIC han crecido en términos cuantitativos y cualitativos y cómo dicho crecimiento amplía también las opciones, instrumentos y objetos de análisis a los investigadores.

Este punto está asociado al anterior: probablemente lo que es posible encontrar hoy en Internet con respecto a los migrantes bolivianos en Argentina haya cambiado en relación a lo que existía hace siete o diez años; algunos sitios web dejaron de actualizarse, otros ya no existen y también se crearon nuevos; pero sobre todo me interesa destacar que existen en la actualidad otros recursos que permiten analizar las representaciones de identidades en Internet y que congregan a muchas más personas por las posibilidades que brindan de comunicación más horizontal. Esto lleva a pensar, visto desde el caso específico estudiado, que hoy se encontraría una mayor pluralidad en Internet sobre este mismo asunto. ¿Ello permite afirmar que Internet es cada vez más un espacio público en el que la diversidad tiene lugar? Pareciera que sí, al menos por ahora, mientras muchos de estos recursos sean de bajo costo o gratuitos, no haya una normativa que censure el acceso a los mismos y la conectividad sea cada vez más amplia así como el manejo, aunque básico, de las TIC.

En este sentido, en el caso estudiado se ha visto que cada sitio web y *blog* analizado se asocia a una perspectiva particular, diferenciándose entre sí pero a la vez compartiendo aspectos de su posición diaspórica. Aquí las TIC, especialmente Internet, contribuyen a la expresión de la diversidad y a la posibilidad de manifestación e interacción de grupos excluidos de otros medios de comunicación. Se convierten, así, en un espacio de mayor democratización en la comunicación.

En tal sentido, es posible pensar que los espacios generados en Internet tienden a favorecer la expresión de la diferenciación cultural más que la homogeneización. Internet ofrece, al menos por ahora, un espacio de expresión y comunicación para colectivos e identidades relegados de otros espacios comunicativos. Así, estudiar espacios comunicativos de estos colectivos permite tener una mejor idea de la diversidad cultural del mundo e Internet se convierte en un "territorio" donde es posible observar una pluralidad de manifestaciones, difícil de encontrar en otros ámbitos.

El análisis de las representaciones en las TIC

Planteamos al inicio del libro que las TIC constituyen espacios de representación de identidades. Específicamente Internet se entiende como un "territorio virtual" donde distintos discursos y representaciones tienen oportunidad de manifestarse, mostrarse, comunicarse e intercambiar contenidos, posiciones, propuestas, ideologías, imaginarios.

En el mismo sentido, son espacios de auto-representación y de divulgación de grupos específicos desde los cuales pueden dar una "respuesta" alternativa o simplemente expresarse contra prejuicios, abusos, discriminaciones, y desde donde, sobre todo, pueden difundir ideas e informaciones e intercambiar reflexiones o simplemente expresar sus nostalgias, perspectivas y sueños desde sus identidades particulares.

Las representaciones permiten visibilizar las diferencias, porque se interpretan dentro de contextos discursivos asociados a identidades culturales específicas, como sugiere Leung.[24] Las representaciones constituyeron, en este caso, el nexo que vinculó las identidades con las TIC. Espero haber podido poner a prueba esta perspectiva, encontrando en las diferencias de las representaciones en torno a las identidades como bolivianos emigrados los distintos posicionamientos que constituyen una identidad colectiva, pensada en términos complejos y dinámicos, y desde distintas posiciones, pero que encuentran puntos en común para pensarse como perteneciendo y formando una diáspora.

Algunos temas abiertos

La diáspora plantea preguntas clave en torno de las posibilidades de construcción de sociedades multi-culturales. También plantea la cuestión de la ciudadanía para los migrantes y cómo impactan en las sociedades de destino las relaciones entre un "nosotros" y unos "otros" que, en última instancia, reclaman por sus derechos como seres humanos en un mundo globalizado no solamente tecnológica y económicamente, sino muy especialmente en términos de movimientos de personas con sus subjetividades e historias a cuestas. Esta demanda, sin embargo, pone muchas veces "a la defensiva" a las sociedades receptoras, donde emerge el racismo como estrategia discriminadora utilizada para "justificar" la negación de derechos ciudadanos a los migrantes en base al origen.

---

[24] Leung (2005).

¿Qué significados tienen estas estrategias defensivas en una sociedad que, como la argentina, se construyó en relación con las migraciones, previa aniquilación de las poblaciones indígenas? ¿Qué lecturas diferenciadas hacemos de la migración europea y la de países limítrofes, e incluso de la migración interna que a mediados del siglo XX se produjo con los procesos de industrialización? ¿Qué estrategias de discriminación y aceptación se pusieron en práctica en esos diferentes momentos?

Con esto no quiero decir que la única respuesta frente a los migrantes de países limítrofes, y bolivianos en particular, sea el rechazo o la discriminación. Dan cuenta de la aceptación, en los casos que vimos, la legitimidad y el reconocimiento que desde instancias estatales argentinas se da a la colectividad boliviana o la presencia de público argentino en las fiestas de la colectividad, así como la incorporación de Fraternidades de danza que la representan en celebraciones argentinas. Y quizás la expresión más importante de esta aceptación sea la promulgación de la Ley de Migración en 2004 que, como toda ley, es expresión de una sociedad también heterogénea, que puede discriminar pero también incluir. Lo que me interesa advertir es la existencia de tensiones en términos de aceptación/exclusión/discriminación en relación con la población migrante.

En cuanto a la heterogeneidad de la diáspora boliviana, una pregunta que queda planteada tiene que ver con una suerte de "movilidad" entre distintas identidades que se valoran y expresan de acuerdo con los contextos, situaciones e interlocutores específicos. Quiero decir: según sea la ocasión, convendrá reivindicar la identidad como bolivianos, una identidad étnica originaria o una identidad regional. Los contextos y las limitaciones y oportunidades llevan también a distintas posiciones de identidad de los sujetos. Esta es sólo una idea que dejo planteada para estimular una reflexión.

Asimismo, ¿cómo leer la heterogeneidad de la diáspora boliviana en el nuevo contexto de reconocimiento de Bolivia como Estado Plurinacional y en el marco de las actuales discusiones en torno a la/s nación/es en Bolivia? ¿Qué repercusiones tiene este debate en la población en la diáspora?

En fin, múltiples preguntas y temas quedan planteados tanto en relación con el campo cultural como con el de la ciudadanía política, y quizás una clave esté en indagar con mayor profundidad los lazos y las interacciones entre estos dos campos. Espero, en este sentido, que este libro aporte a una mirada más amplia sobre la colectividad boliviana migrante, que desde una posición periférica encuentra y construye *en* las TIC ámbitos públicos donde expresa su diversidad, pelea por sus derechos, disputa espacios políticos y trabaja por el reconocimiento de sus identidades en la diáspora.

Bibliografía

Achúgar, H. (2001), "Prólogo. Aquí y ahora, los desafíos de la globalización", en Appadurai, op. cit.

Albó, X. (2009), "Muchas naciones en una", en Rojas, coord., op. cit.

Alfaro, Y. (2009), "Trayectoria de los estudios migratorios en Bolivia", FLACSO Ecuador/SIMA. Disponible en: http://goo.gl/iFKmwB.

Anderson, B. (2006), *Comunidades imaginadas. Reflexiones sobre el origen y la difusión del nacionalismo*, México, FCE.

Anteby-Yemini, L. y Berthomière, W. (2005), "Diaspora: A Look Back on a Concept", *Bulletin du Centre de Recherche Français de Jerusalem*, N° 16.

Appadurai, A. (2001), *La modernidad desbordada*, Buenos Aires, FCE.

Araujo, L. (2010), "Estado y voto migrante: una radiografía de la Región Andina", FLACSO Ecuador/SIMA.

Ardèvol, E. (2003), "Cibercultura: un mapa de viaje. Aproximaciones teóricas para el análisis cultural de Internet", Seminario de Cybercultura, Soria, julio 2003.

Baeza, B. (2006), "Chilenos y bolivianos en Comodoro Rivadavia (Chubut)", en Grimson y Jelin, Comps., op. cit.

———- (2008), "Etno-génesis e identificaciones de migrantes bolivianos en Comodoro Rivadavia", III Jornadas de Historia de la Patagonia, San Carlos de Bariloche, noviembre 2008.

Bankirer, M. (2003), "Trayectorias migratorias e inserción laboral de los migrantes bolivianos a la ciudad de Neuquén", VII Jornadas Nacionales de Estudios de Población (AEPA), Tafí del Valle, noviembre 2003.

Bayardo, R. y Lacarrieu, M., Comps. (1999), *La dinámica global/local. Cultura y comunicación: Nuevos desafíos*, Buenos Aires, Ciccus-La Crujía.

Baym, N. (2003), "La emergencia de comunidad *on-line*", en Jones, Ed., op. cit.

Beckles, C. (1997), "Black Struggles in Cyberspace: Cyber-Segregation and Cyber-Nazis", *The Western Journal of Black Studies*, Vol. 21, N° 1.

Benencia, R. (1997), "De peones a patrones quinteros. Movilidad social de familias bolivianas en la periferia bonaerense", *Estudios migratorios latinoamericanos*, N° 35, Buenos Aires.

————– (2004a), "Trabajo y prejuicio. Violencia sobre inmigrantes bolivianos en la agricultura periférica de Buenos Aires", *Revue Européenne des Migrations Internationales*, Vol. 20, N° 1.

————– (2004b), "Migración limítrofe y mercado de trabajo rural en la Argentina. Las estrategias de las familias migrantes en la conformación de comunidades transnacionales", Colloque International Réseau Cuenca del Plata/IPEALT Université de Toulouse Le Mirail, Maison de la Recherche, julio 2004.

————– (2004c), "Familias bolivianas en la producción hortícola de la provincia de Buenos Aires. Proceso de diseminación en un territorio transnacional", en Hinojosa, comp., op. cit.

————– (2006), "Bolivianización de la horticultura en la Argentina. Procesos de migración transnacional y construcción de territorios productivos", en Grimson y Jelin, comps., op. cit.

————– (2008), "Migrantes bolivianos en la periferia de ciudades argentinas: procesos y mecanismos tendientes a la conformación de territorios productivos y mercados de trabajo", en Novick, comp., op. cit.

————– (2009), "Inserción de bolivianos en el mercado de trabajo de la Argentina", Congreso de la Asociación de Estudios Latinoamericanos, Río de Janeiro, junio 2009.

————- (2010), "El infierno del trabajo esclavo. La contracara de las 'exitosas' economías étnicas", en García *et al.*, coords., *Tránsitos migratorios: contextos transnacionales y proyectos familiares en las migraciones actuales*, Murcia, Universidad de Murcia-Ed. Agora.

Benencia, R. y Geymonat, M. (2005), "Migración transnacional y redes sociales en la creación de territorios productivos en la Argentina. Río Cuarto, Córdoba", *Cuadernos de Desarrollo Rural*, N° 55, Bogotá, Pontificia Universidad Javeriana.

Benencia, R. y Karasik, G. (1995), *Inmigración limítrofe: los bolivianos en Buenos Aires*, Buenos Aires, CEAL.

Benítez, J. (2008), "Diáspora salvadoreña: identidades y mapas culturales en el ciberespacio". *Encuentro*, Año XL, N° 80, Universidad Centroamericana de Managua.

Berthomière, W. (2005), "Diaspora: An Overview of a Concept at the Crossroad of Nation-State and Transnationalism", en Bosswick y Husband, eds., op. cit.

Bologna, E. (2004), "Espacios de vínculos y espacios de movilidad: La reversibilidad en las etapas de las corrientes migratorias", Córdoba, CEA-Universidad Nacional de Córdoba.

————- (2007a), "Jujuy: movilidad ancestral, tierra de paso y vínculos estables", en Domenach *et al.*, eds., op. cit.

————- (2007b), *La reversibilidad en los estadios avanzados de los sistemas migratorios. El caso de Argentina y Bolivia*, Córdoba, IRD/Conicet/CEA-Universidad Nacional de Córdoba.

———— (2010), "Migración limítrofe hacia Argentina: la (casi) inasible regularidad de los cambios", Córdoba, CEA-Universidad Nacional de Córdoba.

Bompadre, J. M. (2005), "La fiesta como espacio de discurso y de prácticas sociales: el caso de la Virgen de Urkupiña en Córdoba", en Domenech, comp., op. cit.

Bosswick, W. y Husband, Ch., eds. (2005), *Comparative European Research in Migration, Diversity and Identities*, Humanitarian.Net, Bilbao, University of Deusto.

Brah, A. (2004), "Diferencia, diversidad, diferenciación", en Varios Autores, *Otras inapropiables. Feminismos desde las fronteras*, Madrid, Traficantes de sueños.

Brignol, L. (2010), "Sur o no Sur. A construção transnacional de América Latina desde as migrações e os usos sociais da Internet", *Ciberlegenda*, Nº 23.

Brubaker, R. (2005), "The 'diaspora' diaspora". *Ethnic and Racial Studies*, Vol. 28, Nº 1.

Bruno, S. (2007), "Cifras imaginarias de la inmigración limítrofe en la Argentina", VII Jornadas de Sociología, Universidad de Buenos Aires, noviembre 2007.

Burkhalter, B. (2003), "La lectura *on-line* de la raza", en Kollock y Smith, eds., op. cit.

Cachón, L. (2012), "Prólogo. Hablamos de derechos de las personas migrantes", en Lafleur, ed., op. cit.

Caggiano, S. (2003), "Fronteras múltiples: reconfiguración de ejes identitarios en migraciones contemporáneas a la Argentina", *Cuadernos del IDES*, Nº 1, Buenos Aires, IDES.

—————- (2005), "'Lo nacional' y 'lo cultural'. Centro de Estudiantes y Residentes Bolivianos: representación, identidad y hegemonía", en Domenech, comp., op. cit.

—————- (2006), "Fronteras de la ciudadanía. Inmigración y conflictos por derechos en Jujuy", en Grimson y Jelin, comps., op. cit.

—————- (2007), "Madres en la frontera: género, nación y los peligros de la reproducción", *Iconos. Revista de Ciencias Sociales*, Nº 27, Quito, FLACSO.

—————- (2008), "Racismo, fundamentalismo cultural y restricción de la ciudadanía: formas de regulación social frente a inmigrantes en Argentina", en Novick, comp., op. cit.

Calderón, F. Hopenhayn, M. y Ottone, E. (1996), *Esa esquiva modernidad. Desarrollo, ciudadanía y cultura en América Latina y el Caribe*, Caracas, Nueva Sociedad-UNESCO.

Calderón, F. y Szmukler, A. (1999), "Aspectos culturales de las migraciones en el MERCOSUR", *Documento de Debate* Nº 31, París, UNESCO.

Calderón, F. y Szmukler, A. (2004), "Political Culture and Development", en Vijayendra y Walton, Eds., *Culture and Public Action*. Stanford, Stanford University Press.

Cámara de Landa, E. (2012), "Danza de caporales en Urkupiña: migración e identidad boliviana entre el orgullo y la exclusión". Disponible en: http://goo.gl/ktcvSQ

Campisi, A. (2001), "...Argentinos, bolivianos, todos somos lo mismo..." La comunidad cultural feriante y el problema de la frontera argentino-boliviana en las ferias de intercambios indígenas", *Andes*, Nº 12, Universidad Nacional de Salta.

Canales, A. (2006), "Los inmigrantes latinoamericanos en Estados Unidos: inserción laboral con exclusión social", en Canales, ed., op. cit.

———— (2006), *Panorama actual de las migraciones en América Latina*, México, Universidad de Guadalajara-Asociación Latinoamericana de Población.

Canales, A. y Zlolniski, C. (2001), "Comunidades transnacionales y migración en la era de la globalización", en *Notas de población*, Santiago de Chile, CEPAL.

Candan, M. y Hunger, U. (2008), "Nation Building Online: A Case Study of Kurdish Migrants in Germany", *German Policy Studies*, Vol. 4, Nº 4.

Canelo, B., Gallinati, C., Gavazzo, N., Groisman, L. y Nejamkis, L. (2012), "'Todos con Evo': el voto boliviano en Buenos Aires", en Lafleur, ed., op. cit.

Canevaro, S. y Gavazzo, N. (2009), "Corporalidades de la migración: performances e identificaciones bolivianas y peruanas en Buenos Aires", *Espaço Plural*, Año X, Nº 20.

Cartechini, M. J. y Rivas, G. (2009), "Inmigrantes, trabajadores, bolivianos. La representación del otro cultural en la prensa gráfica", en Maronese, ed., op. cit.

Casaravilla, D. (2000), "¿Ángeles, demonios o chivos expiatorios? El futuro de los inmigrantes latinoamericanos en Argentina", Programa Regional de Becas CLACSO, Buenos Aires.

Castells, M. (1997), *La era de la información. Economía, sociedad y cultura*. Vol. I y II, Madrid, Alianza.

————– (2001), *La Galaxia Internet. Reflexiones sobre Internet, empresa y sociedad*, Madrid, Areté.

————– (2006), *Comunicación móvil y sociedad. Una perspectiva global*, Barcelona, Ariel.

Castoriadis, C. (1993), *La institución imaginaria de la sociedad*. Vol. I, Buenos Aires, Tusquets.

—————— (2004), *Sujeto y verdad en el mundo histórico-social. Seminarios 1986-1987. La creación humana I*, Buenos Aires, FCE.

Cavalcanti, L. y Parella, S. (2010), "Dinámicas familiares transnacionales y migración femenina: el caso de las migrantes bolivianas en España", Departamento de Sociología, Universidad Autónoma de Barcelona.

Celton, D. y Carbonetti, A. (2007), "Argentina-Bolivia. Historia de un espacio fronterizo", en Domenach *et al.*, eds., op. cit.

CEPAL (2006), "Cuatro temas centrales en torno a la migración internacional, derechos humanos y desarrollo", Santiago de Chile, CEPAL.

——– (2013), *Panorama Social de América Latina. 2013*, Santiago de Chile, CEPAL.

Ceva, M. (2006), "La migración limítrofe hacia Argentina en la larga duración", en Grimson y Jelin, comps., op. cit.

Clifford, J. (1994), "Diasporas". *Cultural Anthropology*, Vol. 9, American Anthropological Association.

————– (1999), *Itinerarios transculturales*, Barcelona, Gedisa.

Cohen, R. (1996), "Diasporas and the State: From Victims to Challengers", *International Affairs*, Vol. 72, Nº 3.

————– (2008), "Sólidas, dúcteis e líquidas: noções em mutação de 'lar' e 'terra natal' nos estudos da diáspora", *Caderno CRH*, Vol. 21, Nº 54, Salvador.

Cortázar, F. (2004), "Chicanos y méxico-americanos en tres comunidades electrónicas", *Comunicación y Sociedad*, Nº 2. México, Universidad de Guadalajara.

Cortés, G. (2004), "Una ruralidad de la ausencia. Dinámicas migratorias internacionales en los valles interandinos de Bolivia en un contexto de crisis", en Hinojosa, comp., op. cit.

Courtis, C. (2009), "Inmigración boliviana, encuadre normativo y discriminación", en Maronese, ed., op. cit.

————— y Pacecca, M.I. (2008), *Inmigración contemporánea en Argentina: dinámicas y políticas*, Serie *Población y desarrollo*, Nº 84, Santiago de Chile, CEPAL.

————————————— (2010), "Género y trayectoria: mujeres migrantes y trabajo doméstico en el Área Metropolitana de Buenos Aires", *Papeles de Población*, Vol. 16, Nº 63, Universidad Autónoma del Estado de México.

Chun, W. (2003), "Orienting Orientalism, or How to Map Cyberspace", en Lee y Wong, eds., op. cit.

da Silva, G. (2005), "Identidade, etnicidade, globalização e populações indígenas em fronteiras: a presença kamba em Corumbá (1945-1987)", *História Revista*, Nº 10 (2), julio-diciembre 2005, Universidade Federal de Goiás.

da Silva, S. (1998), "Costureiros hoje ¿'oficinistas' amanhã? Indagações sobre a questão da mobilidades económica e social entre os imigrantes bolivianos em São Paulo", Encontro Nacional sobre Migração.

————— (1999), "Estigma e mobilidades: o imigrante boliviano nas confecções de São Paulo", *Revista Brasileira Estudos de População*, Vol. 16, Nº 1/2, Brasilia.

————— (2005), "A migração dos símbolos. Diálogo intercultural e processos identitários entre os bolivianos em São Paulo", *São Paulo em Perspectiva*, vol. 19, N° 3.

————— (2006a), "Bolivianos em São Paulo: entre o sonho e a realidade", *Estudos Avançados,* 20 (57), Instituto de Estudos Avançados de Universidade de São Paulo.

————— (2006b), "Bendición Mamita: festas devocionais entre os bolivianos em São Paulo", en Lucena y Mendes de Gusmão, Orgs., *Discutindo identidades*, São Paulo, Humanitas/CERU.

Dandler, J. y Medeiros, C. (1991), "Migración temporaria de Cochabamba, Bolivia, a la Argentina: patrones e impacto en las áreas de envío", en Pessar, *Fronteras permeables*, Buenos Aires, Planeta.

Danet, B. (2003), "El texto como máscara: género, juego y performance en Internet", en Jones, ed., op. cit.

de la Torre, L. (2006), "Volveré para regar el campo. Migración transnacional, inversión productiva y calidad de vida", en *Tinkazos. Revista boliviana de ciencias sociales*, Nº 20, La Paz, PIEB.

—————— (2009), "Migración transnacional y desarrollo local posible. Estado del arte sobre migración y desarrollo en Bolivia", Congreso de la Asociación de Estudios Latinoamericanos, Río de Janeiro, junio 2009.

——————- y Alfaro, Y. (2007), *La cheqanchada. Caminos y sendas de desarrollo en los municipios migrantes de Arbieto y Toco*, La Paz, CESU/DICYT-UMSS/PIEB.

De Pretto, L., Macri, G. y Wong, C., eds. (2010). *Diasporas: Revisiting and Discovering*, Oxford, Inter-Disciplinary Press.

Diminescu, D. (2002), "Les migrations à l'âge des nouvelles technologies", *Hommes & Migrations. Revue française de référence sur les dynamiques migratoires*, Nº 1240, Noviembre-Diciembre 2001.

——————- (2005), "Manifeste: le migrant connecté. Pour un manifeste épistémologique", *Migrations/Société*, Año 2005, Vol. 17, N° 102.

——————- y Renault, M. (2009), "TIC et parrainage dans les mouvements militants de defense de sans-papiers en France", *Tic & Société*, Vol. 3, Nº 1-2.

Domenach, H. (2007), "El espacio de frontera: análisis de los procesos migratorios", en Domenach *et al.*, eds., op. cit.

——————- *et al.*, eds. (2007), *Movilidad y procesos migratorios en el espacio de frontera argentino boliviana*, Córdoba, Institut de la Recherche pour le Développement/CEA-Universidad Nacional de Córdoba.

Domenech, E. (2008), "La ciudadanización de la política migratoria en la región sudamericana: vicisitudes de la agenda global", en Novick (Comp.), op. cit.

——————- comp. (2005), *Migraciones contemporáneas y diversidad cultural en la Argentina*, CEA-Universidad Nacional de Córdoba.

——————- e Hinojosa, A. (2009), "Emigración, Estado y sociedad en Bolivia: la reivindicación del 'voto en el exterior'", en *Población y desarrollo. Bolivia y los fenómenos de la migración internacional*, La Paz, CIDES-UMSA/OMS.

Domenech, E. y Magliano, M. J. (2008), "Migración e inmigrantes en la Argentina reciente: políticas y discursos de exclusión/inclusión", en Zabala (comp.), *Pobreza, exclusión social y discriminación étnico-racial en América Latina y el Caribe*, Bogotá, Siglo del Hombre Editores/CLACSO.

Donath, J. (2003), "Identidad y engaño en la comunidad virtual", en Kollock y Smith, eds., op. cit.

Dufoix, S. (1999), "Chronique bibliographique: l'objet diaspora en questions", *Cultures & Conflicts*, Nº 33-34.

Fainhole, B. (2004), *La lectura crítica en Internet*, Rosario, Homo Sapiens.

Fernández, J. (2009), "Framing the Diaspora: The Politics of Identity and Belonging", en Fernandez, ed., *Diasporas: Critical and Inter-Disciplinary Perspectives*, Oxford, Inter-Disciplinary Press.

Freire da Silva, C. (2008), "Trabalho Informal e Redes de Subcontratação: Dinâmicas Urbanas da Indústria de Confecções em São Paulo", Programa de Posgrado en Sociología, Universidad de São Paulo.

Fusco, W. y Souchaud, S. (2009), "Bolivianos no Brasil: inserção social e estratégias de união matrimonial", XIV CISO – Encontro de Ciências sociais do Norte e Nordeste, Recife (2009).

Gavazzo, N. (2004), "Identidad boliviana en Buenos Aires: las políticas de integración cultural", *Theomai*, Nº 9, Buenos Aires, Universidad Nacional de Quilmes.

—————- (2007), "Inmigrantes en el imaginario de la nación. Una visión desde las organizaciones de tres comunidades latinoamericanas en la Argentina del siglo XXI", *Colección*, Nº 18/19, 2007/2008, Buenos Aires.

—————- (2008), "Oportunidades políticas para la participación de los migrantes. El caso de las organizaciones de latinoamericanos en Argentina", VI Encuentro Anual de la Red Euro-Latinoamericana de Gobernabilidad para el Desarrollo, Lisboa, diciembre 2008.

—————- (2009), "Acciones y reacciones. Patrones de la discriminación hacia los bolivianos en la Argentina", Encuentro de la Asociación de Estudios Latinoamericanos, Río de Janeiro, junio 2009.

Generalidad de Cataluña/Instituto de Estadística de Cataluña (2008), *La inmigración ahora y aquí. Cataluña 2008. Datos estadísticos*, Barcelona, IDESCAT.

Georgiou, M. (2002), "Les diásporas en ligne: une expérience concrète de transnationalisme", *Hommes et migrations. Revue française de référence sur les dynamiques migratoires*, Nº 1240.

Giorgis, M. (2000), "Urkupiña, la virgen migrante. Fiesta, trabajo y reciprocidad en el boliviano Gran Córdoba", *Cuadernos de la Facultad de Humanidades y Ciencias Sociales*, San Salvador de Jujuy, Universidad Nacional de Jujuy.

González, V. y Castro, L. (2007), "Manteniendo lazos vía Web: el caso de las comunidades mexicanas de emigrantes en los Estados Unidos", *The Journal of Community Informatics*, Vol 3, Nº 3.

González, J. A. (2008), "La emigración boliviana en la pre cordillera de la región de Antofagasta, 1910-1930. Redes sociales y estudios de casos", *Revista de Ciencias Sociales*, Nº 21, Santiago de Chile, Universidad Arturo Prat.

Gordano, C. (2009), "Construyendo sentido sobre Internet en el espacio de la diáspora: mujeres latinas inmigrantes en Granada", *Feminismo/s*, Nº 14, diciembre 2009.

Grimson, A. (1999), *Relatos de la diferencia y la igualdad. Los bolivianos en Buenos Aires*, Buenos Aires, Felafacs-Eudeba.

—————- (2006), "Nuevas xenofobias, nuevas políticas étnicas", en: Grimson y Jelin (comps.), op. cit.

—————- y Jelin, E., comps. (2006), *Migraciones regionales hacia la Argentina. Diferencia, desigualdad y derechos*, Buenos Aires, Prometeo.

Guaygua, G. *et al.* (2010), *La familia transnacional. Cambios en las relaciones sociales y familiares de migrantes de El Alto y La Paz a España*, La Paz, PIEB.

Guzmán, J. (2006), "Una festividad religiosa como signo de identidad. Migrantes bolivianos en Jujuy", *Cuadernos FHyCS-UNJu*, N° 31, Facultad de Humanidades y Ciencias Sociales/Universidad Nacional de Jujuy.

Hall, S. (1993), "Cultural Identity and Diaspora", *Framework. The journal of Cinema and Media*, N° 39, Detroit, Wayne State University Press.

——— (1996), "The Question of Cultural Identity". Disponible en: http://goo.gl/a6Vnby.

——— (1997), "El trabajo de la representación", en Hall, ed., *Representation: Cultural Representations and Signifying Practices*, London, Sage.

Hannerz, U. (1998), *Conexiones transnacionales. Cultura, gente, lugares*, Madrid, Cátedra.

Herrera, D. y Margitay-Becht, A. (2009), "Cyber-Diasporas: The Affects of Migration to Virtual Worlds". Disponible en: http://goo.gl/hJe02S.

Hine, C. (2004), *Etnografía virtual*, Barcelona, Universitat Oberta de Catalunya.

Hinojosa, A. (2006), "De crisis en crisis: migración boliviana a la Argentina", en VV.AA., *Informe Interamericano de Migraciones del Observatorio Control Interamericano de los Derechos de los Migrantes*, Santiago de Chile, OCIM.

————— (2008a), "España en el itinerario de Bolivia. Migración transnacional, género y familia en Cochabamba", en Novick (comp.), op. cit.

————— (2008b), "La visibilización de las migraciones transnacionales en Bolivia", *Tinkazos*, Vol. 11, Nº 25, La Paz, PIEB.

————— (2009), *Buscando la vida. Familias bolivianas transnacionales en España*, La Paz, CLACSO-PIEB.

—————, Domenech, E. y Lafleur, J-M. (2012), "Surgimiento y desarrollo del "voto en el exterior" en el "proceso de cambio" boliviano, en Lafleur, ed., op. cit.

————— comp., (2004), *Migraciones transnacionales. Visiones de Norte y Sudamérica*, La Paz, Plural.

————— *et al.* (2000a), *Idas y venidas. Campesinos tarijeños en el norte argentino*, La Paz, PIEB.

————— (2000b), "Tarijeños en la Argentina, vidas fronterizas", en *Tinkazos. Revista boliviana de ciencias sociales*, Nº 6, La Paz, PIEB.

Hirji, F. (2009), "Diasporas, Migration and Identities. The Next Generation: Diaspora, Youth and Identity Construction", Otawa, Carleton University.

Hovanessian, M. (1998), "La notion de diáspora. Usages et champ sémantique", *Journal des Anthropologues*, Nº 72-73.

——————-, Marzouk, Y. y Quiminal, C. (1998), "La construction des categories de l'altérité", *Journal des Anthropologues*, Nº 72-73.

Instituto Nacional de Estadística de España (2013), *Notas de prensa. Cifras de población a 1 de enero de 2013*. Disponible en: http://goo.gl/LcEA

Instituto Nacional de Estadística y Censos (1996), *La población no nativa de la Argentina. 1869-1991, Serie Análisis demográfico*, Buenos Aires, INDEC.

——————————————————- (2001), *Encuesta complementaria de migraciones internacionales. Censo de población, hogares y viviendas 2001, Argentina*. Buenos Aires, INDEC.

———————————————- (2003), *Encuesta complementaria de migraciones internacionales. 2002-2003*, Buenos Aires, INDEC.

———————————————- (2005), *Encuesta complementaria de pueblos indígenas. 2004-2005*, Buenos Aires, INDEC.

———————————————- (2010), *Encuesta complementaria de migraciones internacionales. Censo de población, hogares y viviendas 2010. Argentina*, Buenos Aires, INDEC.

Jelin, E. (2006), "Migraciones y derechos: instituciones y prácticas sociales en la construcción de la igualdad y la diferencia", en Grimson y Jelin Comps., op. cit.

Jones, S., ed. (2003), *Cibersociedad 2.0*, Barcelona, Universitat Oberta de Catalunya.

Kang, J. (2003), "Cyber-Race", en Lee y Wong, eds., op. cit.

Karasik, G. (2005), *Etnicidad, cultura y clases sociales. Procesos de formación histórica de la conciencia colectiva en Jujuy, 1970-2003*, Tesis Doctoral.

Kelemen, M. y Smith, W. (2001), "Community and its 'Virtual' Promises. A Critique of Cyberlibertarian Rhetoric". *Information, Communication & Society* 4:2, London, Routledge.

Kellner, D. (1992), "Popular Culture and the Construction of Postmodern Identities", en Lash y Friedman (eds.), *Modernity and Identity*, Oxford, Basil Blackwell.

Kissau, K. y Hunger, U. (2008), "The Internet as a Means of Studying Transnationalism and Diaspora?", *Politisches Potential des Internet*, Working Paper 7, Münster.

Kolko, B. y Reid, E. (2003), "Disolución y fragmentación: problemas en las comunidades on-line", en Jones, ed., op. cit.

Kollock, P. y Smith, M., eds. (2003), *Comunidades en el cib*erespacio, Barcelona, Universitat Oberta de Catalunya.

Lafleur, J-M., ed. (2012), *Diáspora y voto en el exterior. La participación política de los emigrantes bolivianos en las elecciones de su país de origen*, Barcelona, CIDOB.

Lamont, M. y Bail, C. (2005), "Sur les frontiéres de la reconnaisance. Les catégories internes et externes de l'identité collective", *Revue Européenne des Migrations Internationales*, Vol. 21, N° 2.

Le Bayon, S. (2009), "Les TIC dans les collectifs diasporiques: études des Bretons à New York", *Tic&société*, Vol. 3, Nº 1-2.

Lecomte, R. (2009), "Internet et la configuration de l'espace public tunisien: le rôle de la diáspora", *Tic&société*, Vol. 3, Nº 1-2.

Lee, R. y Wong, S., eds. (2003), *AsianAmerica.Net. Ethnicity, Nationalism, and Cyberspace*, New York, Routledge.

Leung, L. (2005), *Etnicidad virtual. Raza, Resistencia y World Wide Web*, Barcelona, Gedisa.

Lieberman, K-A. (2003), "Virtually Vietnamese: Nationalism on the Internet", en Lee y Wong, eds., op. cit.

Magliano, M. J. (2007), "Migración de mujeres bolivianas hacia Argentina: cambios y continuidades en las relaciones de género", *Amerique Latine Histoire et Mémoire. Les Cahiers ALHIM*, Nº 14.

———————- (2009), "Migración, género y desigualdad social. La migración de mujeres bolivianas hacia Argentina", *Revista Estudos Feministas*, 17 (2), Florianópolis.

Maguid, A. (1995), "Migrantes limítrofes en la Argentina: su inserción e impacto en el mercado de trabajo", *Estudios de Trabajo*, Nº 10, Buenos Aires, ASET.

————— (1997), "Migrantes limítrofes en el mercado de trabajo del área metropolitana de Buenos Aires, 1980-1996", Buenos Aires, CONICET-INDEC (inédito).

————— y Bruno, S. (2009), "Mercado de trabajo y movilidad ocupacional: el caso de los bolivianos y paraguayos en el Área Metropolitana de Buenos Aires", X Jornadas Argentinas de Estudios de Población, San Fernando del Valle de Catamarca, 2009.

Mallimaci, A. (2009), "Estudios migratorios y perspectiva de género. Apuntes para una discusión sobre la relación entre los géneros y las migraciones", *Revista Estudios Digital* N°II, CEA-Universidad Nacional de Córdoba.

Ma Mung, E. (2005), "Diaspora, Spatiality, Identities", en Bosswick y Husband, eds., op. cit.

Mardones, P. (2009), "Del "*chivo expiatorio*" al que se vayan todos. La situación de los derechos humanos de las/os bolivianas/os en la Argentina posterior a los episodios del 19 y 20 de diciembre de 2001", *Miradas en movimiento*, Vol. 1.

Marion, E. (2010), "Being an Immigrant in an 'Imaginary' Homeland: Negotiating Identities and the Role of Language". Disponible en: http://goo.gl/hJe02S.

Maronese, L., ed. (2009), *Buenos Aires boliviana. Migración, construcciones identitarias y memoria. Temas de Patrimonio Cultural 24*, Buenos Aires, Ministerio de Cultura, Gobierno de la Ciudad.

Marques, A. (2007), "Movimientos migratorios fronteriços: bolivianos e paraguaios em Mato Grosso do Sul", XXVII Congreso Anual da ILASSA, febrero 2007.

Martínez, J., ed. (2008), *América Latina y el Caribe: migración internacional, derechos humanos y desarrollo*, Libros de la CEPAL Nro. 97, Santiago de Chile, CEPAL.

Marzouk, Y. (1998), "L'étranger de l'intérieur", *Journal des Anthropologues*, N° 72-73.

Matei, S. y Ball-Rokeach, S. (2002), "Belonging in Geographic, Ethnic, and Internet Spaces", en Wellman y Haythornthwaite, eds., op. cit.

Mattelart, T. (2009), "Les diasporas à l'heure des technologies de l'information et de la communication: petit état des savoirs", *Tic&société*, Vol. 3, N° 1-2.

Mayans i Planells, J. (2002), "Nuevas tecnologías, viejas etnografías (objeto y método de la etnografía del ciberespacio)", *Revista Quaderns de l'ICA*, N° 17-18.

——————— (2003), "Comunidades electivas. Notas sobre la virtualización de lo comunitario en tiempos de desterritorialización", Congreso Bilbao IT4All, Bilbao, febrero 2003. Disponible en: http://goo.gl/olQdZ.

Mele, C. (2003), "El ciberespacio y las comunidades desfavorecidas", en Kollock y Smith, eds., op. cit.

Mera, C. y Sassone, S. (2007), "Barrios de migrantes en Buenos Aires: Identidad, cultura y cohesión socio-territorial". Disponible en: http://goo.gl/trV8vN

Mercosur (2002), Acuerdo sobre Residencia para Nacionales de los Estados Parte del Mercosur, Bolivia y Chile.

Mishra, V. (2005), "The Diasporic Imaginary and the Indian Diaspora", *Asian Studies Institute Occasional Lecture 2*, Victoria University of Wellington.

Mitra, A. (1999), "Characteristics of the WWW Text: Tracing Discursive Strategies". *Journal of Computer-Mediated Communication* (1), Annenberg School for Communication, University of Southern California.

Moraes, N. (2005), "Internet y ciberespacio en el estudio de comunidades diaspóricas: análisis de una experiencia", Simposio Antropología de los Media, X Congreso de Antropología, Federación de Asociaciones de Antropología del Estado Español, Sevilla, septiembre 2005. Disponible en: http://goo.gl/olQdZ

————- (2007), "Identidad transnacional, diáspora/s y nación: una reflexión a partir del estudio de la migración uruguaya en España", en Mato y Maldonado (eds.), *Cultura y transformaciones sociales en tiempos de globalización. Perspectivas latinoamericanas*, Buenos Aires, CLACSO.

Moua, M. (2009), "La dimension symbolique des TIC et l'auto-réalisation collective. Le cas de la diaspora hmong à travers Internet", *Tic&société*, Vol. 3, N° 1-2.

Nakamura, L. (1995), "Race in/for Cyberspace: Identity Tourism and Racial Passing on the Internet". Disponible en: http://goo.gl/SW4Srn

—————— (1998), "After/Images of Identity: Gender, Technology, and Identity Politics". Disponible en: http://goo.gl/XPZrQo

—————— (2002), *Cybertypes. Race, Ethnicity, and Identity on the Internet*, London, Routledge.

Nedelcu, M. (2009), "Du *brain drain* à l'*e*-diaspora: vers une nouvelle cultura du lien à l'ère du numérique", *Tic&société*, Vol. 3, N° 1-2.

Neustadtl *et al.* (2002), "Doing Social Science Research Online", en Wellman y Haythornthwaite, eds., op. cit.

Nicola, L. (2008), "La migración en la unidad doméstica: un estudio de caso en dos municipios de la frontera argentino-boliviana (Los Toldos, Salta y Padcaya, Tarija)", *Mundo Agrario. Revista de Estudios Rurales*, Nº 17, La Plata, Centro de Estudios Histórico-Rurales.

Nobrega, R. (2008), "Migraciones y modernidad brasileña: italianos, nordestinos y bolivianos en San Pablo", en Novick, comp., op. cit.

Novick, S. (2008), "Migración y políticas en Argentina: tres leyes para un país extenso (1876-2004)", en Novick, comp., op. cit.

—————-, comp. (2008), *Las migraciones en América Latina. Políticas, culturas y estrategias*, Buenos Aires, CLACSO.

Ogan, C. (2001), *Communication and Identity in the Diaspora: Turkish Migrants in Ámsterdam and Their Use of Media*, Lanham Maryland, Lexington Books.

Olivera, C. (2009), "¿Bailando por un sueño? Espacios de construcción de identidades", en Maronese, ed., op. cit.

Oliveira da Silva, P. (2008), "Aspectos gerais da migração fronteriça entre Brasil e Bolívia", XVI Encontro Nacional de Estudos Populacionais, Caxambu MG, septiembre-octubre 2008.

Ortiz, C. (2005), "Proyectos político-culturales de las organizaciones de inmigrados: estrategias para la reterritorialización del desarraigo", en Domenech, comp., op. cit.

Pacecca, M. I. (2009), "La migración boliviana, peruana y paraguaya a la Argentina (1980-2005)", Congreso de la Asociación de Estudios Latinoamericanos, Río de Janeiro, junio 2009.

Pascucci, S. (2009), "Migraciones y clase social. Un análisis crítico de la bibliografía sobre inmigrantes bolivianos en Argentina", en *Miradas en movimiento*, Vol. IV.

Paz Soldán, E. (2000), "Obsesivas señas de identidad: los bolivianos en los Estados Unidos", en PNUD Bolivia, "Migrantes bolivianos en la Argentina y Estados Unidos", *Cuaderno de Futuro* Nº 7, La Paz, PNUD.

Pérez, L. (2004), "Movilidad social y laboral en la migración campesina: el caso de los quinteros tarijeños en el norte argentino", en Hinojosa, comp., op. cit.

Pérez, M. (2010), "Relatos de vida de inmigrantes bolivianas en el sur de España". Disponible en: https://goo.gl/J2L6E3.

Pérez, M. I. y Szmukler, A. (2008), "La experiencia personal de los derechos humanos en Bolivia", en Defensor del Pueblo, *Derechos Humanos y acción defensorial. Revista especializada del Defensor del Pueblo,* Vol. 3, Nº 4, La Paz, Defensor del Pueblo.

Piñuel, J. L. (2002), "Epistemología, metodología y técnicas del análisis de contenido", *Estudios de Sociolingüística*, 3 (1), Universidad Complutense de Madrid.

Pizarro, C. (2009a), "La vulnerabilidad de los inmigrantes bolivianos: los casos contemporáneos de violación de sus derechos en la región metropolitana de la ciudad de Córdoba", Proyecto de Investigación 2008-2010: "Ser boliviano en Córdoba. Discriminación, ilegalidad y precariedad laboral de los inmigrantes bolivianos que residen en la ciudad de Córdoba y en el Gran Córdoba".

————- (2009b), "Organizaciones de inmigrantes bolivianos en áreas peri-urbanas argentinas: entre la demanda contra discriminación y la reproducción de la subalternidad", Congreso de la Asociación de Estudios Latinoamericanos, Río de Janeiro, junio 2009.

————- (2009c), "Espacios socioculturales "bolivianos" trans-urbanos en el Área Metropolitana de Buenos Aires", en Maronese, ed., op. cit.

PNUD (2009), *Informe sobre Desarrollo Humano 2009. Superando barreras: Movilidad y desarrollo humano,* PNUD-Mundi Prensa, Madrid.

Pogliaghi, L. (2007), "Informalidad urbana. Sus manifestaciones en el conglomerado de ferias de La Salada, Lomas de Zamora, Provincia de Buenos Aires", V Congreso Latinoamericano de Sociología del Trabajo, Asociación Latinoamericana de Sociología del Trabajo, Montevideo, abril 2002.

Poster, M. (1995), "CyberDemocracy: Internet and the Public Sphere". Disponible en: http://goo.gl/3a3U

————– (2003), "Etnicidad virtual: la identidad tribal en la era de las comunicaciones globales", en Jones, ed., op. cit.

Prikken, I. (2004), "Transnational migration networks. Bolivian migration to Argentina in times of crisis: the case of Carachimayo", en Hinojosa, comp., op. cit.

Pruden, H. (2011), "Boligauchos: sobre algunas representaciones de los boliviano-argentinos en la última década", *Revista Temas de Antropología y Migración*, Nº 1, Buenos Aires.

Ramírez, J. P. (2006), "'Aunque se fue tan lejos, nos vemos todos los días': Migración y NTIC's", Tesis de Maestría, FLACSO Ecuador.

Reid, E. (2003), "Jerarquía y poder", en Kollock y Smith, eds., op. cit.

Rivero, F. (2006), "'Redes agujereadas': condiciones de recepción del migrante boliviano en Lules, Tucumán", *Cuadernos FHyCS-UNJu*, Nº 31, San Salvador de Jujuy, Universidad Nacional de Jujuy.

Rojas, G., coord. (2009), *¿Nación o naciones boliviana(s)? Institucionalidad para nosotros mismos*, La Paz, CIDES-UMSA.

Román, O. (2009), *Mientras no estamos. Migración de mujeres madres de Cochabamba (Bolivia) a España*, Cochabamba, CESU-UMSS.

Roncken, T. y Forsberg, A. (2007), "Los efectos y consecuencias socio-económicos, culturales y políticos de la migración internacional en los lugares de origen de los emigrantes bolivianos", La Paz, PIEB.

Ruby, J. (2006), "Los últimos 20 años de Antropología visual. Una revisión crítica", *Revista Chilena de Antropología Visual*, Nº 9, Santiago de Chile.

Sadir, M. (2009), "Interacciones entre argentinos y bolivianos en espacios fronterizos: procesos de estigmatización y discriminación entre jujeños y bolivianos en la frontera argentino-boliviana", X Jornadas Argentinas de Estudios de Población, San Fernando del Valle de Catamarca, noviembre 2009.

Safran, W. (1991), "Diasporas in Modern Societies: Myths of Homeland and Return", *Diaspora*, Nº 1.

Sala, G. (2002), "Entre el temor y la exclusión: acciones de salud dirigidas a migrantes bolivianos y acciones sanitarias en la frontera norte de Argentina", XIII Encontro da Associação Brasileira de Estudos Populacionais, Ouro Preto, Minas Gerais, noviembre 2002.

———- (2005), "Características demográficas e sócio-ocupacionais dos migrantes nascidos nos países do Cone Sul residentes no Brasil", Centro de Desenvolvimento e Planejamento Regional Universidade Federal de Minas Gerais, Belo Horizonte.

———- y Magno de Carvalho, J. (2008), "A presença de imigrantes de países do Cone Sul no Brasil: medidas e reflexões", *Revista Brasileira de Estudos de População*, São Paulo, Vol. 25, Nº 2.

———- *et al.* (2006), "Uma caracterização dos imigrantes nascidos em países do Cone Sul, residentes no Brasil", en Canales, ed., op. cit.

Sarlo, B. (2009), *La ciudad vista. Mercancías y cultura urbana*, Buenos Aires, Siglo XXI.

Sassen, S. (2003), *Los espectros de la globalización*, Buenos Aires, FCE.

Sassone, S. (2007), "Migración, territorio e identidad cultural: construcción de "lugares bolivianos" en la ciudad de Buenos Aires", *Población de Buenos Aires*, Año/Vol. 4, Nº 6, Dirección General de Estadística y Censos de la Ciudad de Buenos Aires.

————- (2009), "Breve geografía histórica de la migración boliviana en la Argentina", en Maronese, ed., op. cit.

————- *et al.* (2006), "Migración transnacional y trayectorias residenciales: bolivianos en el área metropolitana de Buenos Aires", *Párrafos geográficos*, Vol. 5, Nº 2, Instituto de Investigaciones Geográficas de la Patagonia, Trelew.

Sayad, A. (2008), "State, Nation and Immigration. The National Order Facing the Challenge of Immigration", *Apuntes*, Nº 13.

Scopsi, C. (2009), "Les sites web diasporiques: un nouveau genre médiatique?", *Tic&société*, Vol. 3, Nº 1-2.

Sharmani, P. (2010), "Un/Setting Malaysia: Diaspora and National Desire". Disponible en: http://goo.gl/UwQlEI

Sharpe, C. (1999), "Racialized Fantasies on the Internet", *Signs: Journal of Women in Culture and Society*, Vol. 24, Nº 4, University of Chicago.

Sheffer, G. (1993), "Whither the Study of Diasporas? Some Theoretical, Definitional, Analytical and Comparative Considerations", en Prévélakis, *Networks of Diasporas*, Paris/Nicosia, L'Harmattan/Kykem.

————- (2005), "Is the Jewish Diaspora Unique? Reflections on the Diaspora's Current Situation", *Israel Studies*, Vol. 10, Nº 1.

Shu, Y. (2003), "Reimagining the Community: Information Technology and Web-Based Chinese Language Networks in North America", en Lee y Wong, eds., op. cit.

Shultz, J. y Crane, M., eds. (2008), *Desafiando la globalización. Historias de la experiencia boliviana*, La Paz, The Democracy Center-Plural.

SICREMI (2011), *Migración Internacional en las Américas. Primer Informe del Sistema Continuo de Reportes sobre Migración Internacional en las Américas*, Washington, OEA-CEPAL-OCDE.

Sideri, E. (2008), "The Diaspora of the Term Diaspora: A Working-Paper of a Definition". Disponible en: http://goo.gl/phuJX0

Simonin, J., Watin, M. y Wolff, E. (2009), "Comment devient-on Réunionnais du monde? Une diaspora performée par Internet", *Tic&société*, Vol. 3, N° 1-2.

Sorj, B. (2007), "Diáspora, judaísmo y teoría social", *Revista Cultura y Religión*, Vol. 1, N° 1, Santiago de Chile, Universidad Arturo Prat.

Souchaud, S. (2010) "A imigração boliviana em São Paulo". Disponible en: https://goo.gl/gkFs3s

—————- y Baeninger, R. (2008), "*Collas* e *cambas* do outro lado da fronteira: aspectos da distribuição diferenciada da imigração boliviana em Corumbá, Mato Grosso do Sul", *Revista Brasileira de Estudos População*, São Paulo, Vol. 25, N° 2.

—————- *et al.* (2007), "Mobilidade Populacional e Migração no Mercosul: A fronteira do Brasil com Bolívia e Paraguai", *Teoría & Pesquisa*, Vol. XVI, N° 1.

Szmukler, A. (1998), *La ciudad imaginaria. Un análisis sociológico de la pintura contemporánea en Bolivia*, La Paz, PIEB.

—————- (2005), "Discriminación y racismo en Internet. El caso de dos portales bolivianos". Programa de Doctorado en Sociedad de la Información y el Conocimiento, Barcelona, Universitat Oberta de Catalunya (inédito).

—————- (2015), "Inserción laboral de los inmigrantes bolivianos y condiciones de trabajo en la rama textil", en OIT, *Migraciones laborales en Argentina. Protección social, informalidad y heterogeneidades sectoriales*, Buenos Aires, OIT.

Tapia, M. (2010), "Yo venía con un sueño: relaciones de género entre inmigrantes de origen boliviano en Madrid, 2000-2007", Tesis Doctoral, Universidad Complutense de Madrid-Instituto Universitario de Investigación Ortega y Gasset, Madrid.

Tavares de Freitas, P. (2010), "Imigração e Trabalho: determinantes históricas da formação de um circuito de subcontratação de imigrantes bolivianos para o trabalho em oficinas de costura na cidade de São Paulo", XVII Encontro Nacional de Estudos Populacionais, ABEP, Caxambú-Minas Gerais, septiembre 2010.

Taylor, K. (1999), "Ethnographic Hypermedia: Trascending Thick Descriptions", Sights, Visual Anthropology Forum.

Taylor, S. J. y Bogdan, R. (1987), *Introducción a los métodos cualitativos de investigación. La búsqueda de significados*, Barcelona, Paidós.

Thompson, J. (1997), *Los media y la modernidad. Una teoría de los medios de comunicación*, Barcelona, Paidós.

Tolölyan, K. (1996), "Rethinking Diaspora(s): Stateless Power in the Transnational Moment", *Diaspora. A Journal of Transnational Studies*, Vol. 5, Nº 1, University of Toronto Press.

—————— (2005), "Restoring the Logic of the Sedentary to Diaspora Studies", en Anteby-Yemini, Berthomière y Sheffer, eds., *2000 ans de diaspora*, Presses Universitaires de Rennes.

—————— (2006), "A General Introduction to Exile", en *Les diasporas dans le monde contemporain. Un état des lieux*, Presses Universitaires de Rennes.

Tsagarousianou, R. (2004), "Rethinking the Concept of Diaspora: Mobility, Connectivity and Communication in a Globalised World", *Westminster Papers in Communication and Culture*, Vol. 1, N° 1, London, University of Westminster.

Turkle, S. (1998), *La vida en la pantalla*, Barcelona, Paidós.

Van Dijk, T. (1999), "El análisis crítico del discurso", *Anthropos*, Nº 186, Barcelona.

Vázquez, M. (2009), "De las política(s) a las cultura(s): representaciones e identidades de migrantes limítrofes", en Maronese, ed., op. cit.

Vera, G. (2009), "Trabajo esclavo, una variante del capitalismo sin control ciudadano", en Maronese, ed., op. cit.

Vertovec, S. (1999), "Three Meanings of 'Diaspora', Exemplified Among South Asian Religions", *Diaspora*, Vol. 7, Nº 2.

Villa, M. y Martínez P., J. (2000), "Tendencias y patrones de la migración internacional en América Latina y el Caribe", Simposio: Migraciones internacionales en las Américas. Disponible en: http://goo.gl/PDBVya

Wellman, B. y Haythornthwaite, C., eds. (2002), *The Internet in Everyday Life*, Oxford, Blackwell Publishing.

Wong, L. (2003), "Belonging and Diaspora: The Chinese and the Internet", *First Monday*, Vol. 8, Nº 4.

Este libro se terminó de imprimir en diciembre de 2015 en Imprenta Dorrego (Dorrego 1102, CABA).